ESPAÑOL
SEGUNDA LENGUA
EDUCACIÓN SECUNDARIA

LIBRO DEL ALUMNO

FÉLIX VILLALBA, MAITE HERNÁNDEZ

ANAYA

Depósito legal: M-30.988-2005
ISBN: 84-667-4541-6
Printed in Spain
Imprime: ORYMU. C/ Ruiz de Alda, 1 y 3, Polígono de la Estación, 28320 Pinto - Madrid

Equipo editorial
        Coordinación y edición: Milagros Bodas, Sonia de Pedro
        Equipo técnico: Javier Cuéllar, Laura Llarena
        Ilustración: José Luis García Morán, Tomás Hijo, Alberto Pieruz y José Zazo
        Diseño de cubiertas: M. Á. Pacheco, J. Serrano
        Diseño de interiores y maquetación: Ángel Guerrero
        Corrección: Raquel Mancheño
        Edición gráfica: Elena Achón

Fotografías: Archivo Anaya (Boe, O.; Bossavy, K.; Cosano, P.; Enríquez, S.; García, M.; García Pelayo,
        A.; Lacey, T.; Leiva, A.; Lezama, D.; Martín, J.; Martínez, C.; Ortega, A.; Padura, S.; Pérez
        de Tudela, M.; Quintas, D.; Ramón Ortega, P. – Fototeca de España; Redondo, M.; Rivera
        Jove, V.; Ruiz, J. B.; Steel, M.; Vizuete, E; 6x6 Producción Fotográfica)

        Agradecimientos al IES SAPERE AUDE (Villanueva del Pardillo, Madrid).
        Agradecimientos a los niños Samira Alasraui, Claudio Chirila, María-Alina Duinea, Mohamed Afakir,
        Said Alaiz, Danny Miguelina González, Mehdi Taheri, Andrei Pachia, Roberto Popescu, Najlae el
        Muussati, Ana María Avadani, Alicia Pajares, Ana Agut y Álvaro Martínez.

Las normas ortográficas seguidas en este libro son las establecidas por la Real Academia Española en su última edición de la *Ortografía,* del año 1999.

Queremos expresar nuestro más sincero agradecimiento a Rosario Alonso, Alejandro Castañeda, Pablo Martínez Gila, Lourdes Miquel, Jenaro Ortega y José Plácido Ruiz Campillo, por su generosidad y apoyo a esta iniciativa. Parte de las presentaciones gramaticales que aquí se incluyen se inspiran en la obra de estos autores.

También tenemos que agradecer a Marisa González Blázquez sus orientaciones y consejos en la primera fase de este trabajo.

Y, como no podía ser menos, a Alba, por su paciencia y compromiso.

resentación

Español Segunda Lengua es un material pensado para ser utilizado con jóvenes de 12 a 16 años que están escolarizados en el sistema educativo español y que se encuentran, por tanto, en situación de contacto directo con la lengua.

Se trata de un **curso intensivo** cuyo objetivo no es proporcionar un conocimiento aislado del español, sino favorecer la incorporación de estos estudiantes a procesos formativos generales.

Español Segunda Lengua quiere facilitar la adquisición de una **competencia comunicativa general** que permita al estudiante establecer relaciones sociales amplias en su entorno inmediato. Pero también busca el desarrollo de una **competencia comunicativa académica** en la nueva lengua que pueda aplicarse en las distintas áreas del currículo formativo.

El manual se organiza en torno a seis unidades que abordan temas de interés para los jóvenes de estas edades: el instituto, los amigos, la salud, las compras... Incluimos una unidad 0 cuyo objetivo consiste en implicar al estudiante en el aprendizaje del español. Para ello queremos que se familiarice con el material y que conozca los objetivos y las dinámicas de trabajo que se van a seguir.

En el resto de las unidades se presentan diferentes funciones comunicativas vinculadas con situaciones de comunicación próximas a la realidad de los estudiantes. Así, por ejemplo, en relación con los amigos se han trabajado funciones como describir el físico y el carácter de alguien, hablar de gustos e intereses…

Cada función se trabaja de forma sistemática: se presenta una muestra de lengua, una o varias conceptualizaciones (gramaticales, léxicas, funcionales…) y actividades. Además, en cada unidad se incluyen informaciones relacionadas con la **lengua de instrucción**, un trabajo específico con textos de diferentes áreas (**Textos para aprender**), un bloque de contenidos fonético-fonológicos (**Pronunciación**) y una **Actividad global final**. Este último apartado tiene por objeto activar todos o parte de los contenidos de la unidad, aprovechando dinámicas más interactivas y buscando la consecución de productos concretos: un directorio del instituto, un itinerario de viaje...

Las actividades que se incluyen en este texto siguen un diseño *tradicional:* de más dirigidas a más libres y con distinto tipo de agrupamiento. La mayor parte son interactivas, los alumnos hablan entre sí (por parejas o en gran grupo) para acceder a informaciones que desconocen. Sin embargo, para la internalización de los conceptos lingüísticos es preciso un trabajo individual de *atención a la forma*. Este objetivo es el que intenta cumplir el Cuaderno de Ejercicios, donde se presentan más de **200 actividades** que garantizan un trabajo amplio de todos los contenidos.

Hemos optado por presentar los contenidos lingüísticos y gramaticales en el propio texto como forma de facilitar la labor del profesor y de proporcionar una mayor autonomía al estudiante.

El Libro del Alumno se completa con:

- Un **Apéndice gramatical (Gra)**, en el que se puede encontrar información complementaria a los contenidos gramaticales tratados en las distintas unidades.

- Un **Apéndice de lengua de instrucción (Li)**, en el que se incluye información útil relacionada con las distintas áreas del currículum escolar.

- Una **sección de Pronunciación**, donde se reproduce de manera esquemática la forma de articular los diferentes sonidos trabajados.

- Un **Glosario ilustrado**: 17 láminas donde se ilustran unas 280 palabras que presentan léxico relacionado con cada una de las unidades del material.

- **Transcripciones**: se recogen todos los textos de las actividades de audio.

Por último, se ha concedido especial importancia a la presencia de *otros acentos* del español en el material de comprensión auditiva. Creemos que los estudiantes deben familiarizarse con otras variedades del español, o al menos conocerlas, para valorar la riqueza y diversidad de esta lengua.

Esperamos que responda a las necesidades del profesorado y, sobre todo, facilite la participación activa de los estudiantes en su formación. Ésa ha sido nuestra pretensión con la elaboración de este material. Otra cosa es que lo hayamos conseguido…

Un saludo.

Félix y Maite

PROGRAMACIÓN

	Competencia funcional	Competencia gramatical
UNIDAD 0 **Palabras, palabras...** pág. 10	• Saludar y despedirse. • Deletrear y pedir que se deletree. • Preguntar por el nombre de los objetos que nos rodean. • Pedir la traducción de una palabra. • Conocer recursos para controlar la comunicación: *¿Cómo se escribe? ¿Puedes repetir, por favor? ¿Puedes hablar más alto, por favor?*	• El género de los nombres. • El número.
UNIDAD 1 **Mi clase** pág. 19	• Pedir y dar datos personales: nombre, apellido, nacionalidad, dirección, teléfono, edad, dirección de correo electrónico. • Preguntar y decir la hora. • Informar sobre las asignaturas que se tienen y el horario de éstas. • Comprender instrucciones sobre actividades del aula. • Pedir objetos prestados.	• Presente de indicativo de los verbos: *ser, vivir, tener, dejar, empezar, terminar.* • Verbos pronominales: *llamarse, apellidarse.* • Imperativo de los verbos de las instrucciones en el aula. • Uso del artículo con los días de la semana. • Género y número de los adjetivos. • Indefinidos *un, una, unos, unas.*
UNIDAD 2 **Mi instituto** pág. 34	• Hablar sobre los lugares y servicios de un instituto y su localización. • Dar y pedir información sobre el calendario escolar. • Expresar existencia. • Hablar sobre las normas escolares. • Pedir permiso y solicitar que alguien haga algo. • Adquirir productos en la cafetería del IES.	• El artículo. • Artículos contractos. • Verbo *estar.* • Verbo *haber* en forma impersonal: *hay.* • Preposiciones y adverbios de lugar: *en, enfrente (de), al lado (de), delante (de), a la derecha (de), a la izquierda (de), detrás (de), entre.* • Interrogativos: *¿Dónde? ¿Qué? ¿Cuándo?* • Verbos *creer, poder* y *querer.* • Impersonal: *se puede...*
UNIDAD 3 **Mis amigos** pág. 53	• Preguntar e informar de la identidad de alguien. • Describir el físico y el carácter de alguien. • Dar información sobre la familia. • Hablar de la ocupación. • Hablar de gustos, intereses y preferencias. • Expresar acuerdo y desacuerdo respecto a gustos y preferencias.	• Los posesivos. • Los demostrativos. • El adjetivo. • Los comparativos. • Interrogativos: *¿Quién? ¿Quiénes?* • Verbos *gustar, estudiar, trabajar, encantar, interesar, apetecer, ver.* • Cuantificadores: *nada, no mucho, bastante, demasiado, poco, un poco.* • Recursos para mostrar acuerdo y desacuerdo: pronombres OI. • Uso de los verbos *ser, llevar* y *tener* para describir. • *Ser* + profesión. • *También / tampoco, y, pero.*

Competencia léxico/semántica	Competencias fonético-fonológica y ortográfica	Competencia lingüística académica (Lengua de Instrucción)
• Léxico de la clase.	• Los sonidos españoles. • El deletreo. • La división por sílabas. • El uso de las mayúsculas.	• La escritura de mayúsculas. • La ordenación alfabética de palabras en español. • El diccionario.
• Nombre de los países de los estudiantes. • Nacionalidades. • Datos personales: nombre, apellidos, dirección... • Días de la semana, la hora. • Materias escolares. • Verbos de las actividades del aula: *abrir, escribir, dibujar, mirar, coger, leer...* • Numerales hasta el 100. • Ordinales hasta el 10. • Operaciones matemáticas básicas.	• Sílabas tónicas. • La tilde. • Abreviaturas de las direcciones. • Signos de operaciones matemáticas básicas y la @. • Signos de interrogación.	• Los signos de interrogación en español. • Signos y operaciones matemáticas. • La ordenación alfabética de apellidos en español. • El horario escolar. • Abreviaturas. • El Sistema Solar. • Recursos orales del profesor para comprobar la comprensión. • EL ÍNDICE.
• Dependencias del IES. • Profesiones de los adultos que trabajan en el centro escolar. • Léxico referido al calendario escolar: *nombre de los meses, periodos vacacionales...* • Puntos cardinales. • Alimentos y bebidas que se pueden encontrar en la cafetería de un IES.	• Pronunciación de las vocales: diferenciación *e/i, o/u.* • Escritura de los decimales.	• *La familia de Carlos IV,* de Goya. • Puntos cardinales. • Comunidades autónomas y ciudades españolas. • Fechas: meses y estaciones del año. • El calendario. • Monedas y billetes españoles. • Cantidades decimales. • El esquema: lectura. • EL SISTEMA EDUCATIVO ESPAÑOL.
• Miembros de la familia. • Léxico de las relaciones sociales. • Léxico referido a las descripciones. • Adjetivos para describir el carácter. • Expresiones que generalizan: *todo el mundo, la gente, la mayoría, la mayor parte.* • Los partitivos. • Profesiones de los padres de los alumnos. • Lugares de trabajo.	• Pronunciación de la [θ] y [k]. • Contraste [θ] y [s]. • Grafemas *c, z, qu.* • Escritura y lectura de los porcentajes.	• El diccionario. • *Las Meninas,* de Velázquez. • Números romanos. • El árbol genealógico. • El gráfico de sectores. • LOS JÓVENES ESPAÑOLES Y EL OCIO.

Competencia léxico/semántica	Competencias fonético-fonológica y ortográfica	Competencia lingüística académica (Lengua de Instrucción)
• Tiendas y comercios. • Léxico referente a lugares del municipio. • Medios de transporte y billetes.	• Pronunciación de la [x] y [g]. • Grafemas correspondientes a los sonidos [x] y [g]: *j, g, gu.*	• Números pares e impares. • Ecuaciones. • Paralelo/a y perpendicular. • El croquis de la localidad. • La agenda. • El subrayado. • LA ESTRUCTURA DE LAS CIUDADES ESPAÑOLAS.
• Partes del cuerpo. • Adjetivos para describir el estado físico y anímico. • Enfermedades y síntomas más comunes. • Objetos relacionados con las primeras urgencias y el botiquín doméstico. • Léxico relacionado con los medicamentos: pastillas, jarabe… • Alimentos. • Vocabulario relacionado con actividades físicas: *respirar, toser, tumbarse…*	• Pronunciación de la vibrante simple y múltiple: [r] y [r̄]. • Contraste *r / l.* • Grafemas correspondientes a la vibrante simple y múltiple: *r, rr.*	• *Las tres gracias,* de Rubens. • La escritura de mayúsculas en español. • Realización de esquemas. • LOS ALIMENTOS.
• Léxico referido a ropa, calzado y objetos personales. • Los colores. • Léxico referido a material, forma, dibujos. • Números cardinales del 100 en adelante. • Adjetivos relativos al modo de vestir.	• Pronunciación de [p] y [b]. • Grafemas correspondientes a [p] y [b]: *p, b, v.*	• Los adjetivos en textos literarios. • España: fechas históricas y datos geográficos. • La línea del tiempo. • El resumen. • LOS VIAJES COMERCIALES EN LA EDAD MEDIA.

O Palabras, palabras

1. ¿Conoces estas palabras españolas?

Adiós

Barcelona

NDO, JUEVES 12 DE MAYO DE 200

ESPAÑA

papá

gracias

Madrid

¡Hola!

Señor

¿Entiendes estas otras palabras? ¿Cómo se dicen en tu lengua?

televisión

chocolate

móvil

Internet

cafetería

fútbol

hamburguesa

**Glosario Ilustrado
págs. 145 y 160**

PARA APRENDER ESPAÑOL VAMOS A... ESCRIBIR

¿Conoces a tus compañeros?

 2. Pregúntales sus nombres y después escríbelos. Vas a necesitar el abecedario.

MAYÚSCULAS
A B C D E F G H I J K L M N Ñ O P Q R S T U V W X Y Z

minúsculas
a b c d e f g h i j k l m n ñ o p q r s t u v w x y z

Vocales
Consonantes

a, be, ce, de, e, efe, ge, hache, i, jota, ka, ele, eme, ene, eñe, o, pe, qu, erre, ese, te, u, uve, uve doble, equis, y griega, zeta

Gra. I.1

La **b** y la **v** se pronuncian igual.
Bolígrafo, ventana
La **h** no se pronuncia
Hola = [ola]
Algunos sonidos se representan con dos letras:
Ll y Ch

● ¿Cómo te llamas?
○ Albert.
● ¿Y cómo se escribe?
○ A-ele-be-e-erre-te.

Mis compañeros:

Furat
Luciano
Pascaline
Svetlana
Weiying

margen

 margen

PARA PREGUNTAR

EL NOMBRE DE ALGUIEN
● ¿Cómo te llamas?

EL NOMBRE DE ALGO
● ¿Cómo se llama esto en español?
● ¿Cómo se escribe?
● ¿Cómo se escribe, con be o con uve?

EXPRESAR DESCONOCIMIENTO
● No lo sé.

FÍJATE
La primera letra de los nombres y apellidos de las personas se escribe con mayúscula. También se escriben con mayúsculas:
- Los nombres de los ríos.
- Al empezar a escribir.
- Después de punto y aparte o punto y seguido.
    Aitor, Nigeria, Tajo...
Con **ch** y **ll** solo se pone en mayúscula la primera letra:
    Chile, Lluch...

Li. 1.1

El nombre de las cosas

3. Pregunta por el nombre de los objetos que ves en la clase. Escríbelos.

● ¿Cómo se llama esto en español?
○ Mesa.
● ¿Y esto?
○ No lo sé.
▼ Yo sí, puerta.

once **11**

4. Escribe 20 palabras españolas y ordénalas alfabéticamente. ¿Qué palabras habéis escrito?

● Cuaderno, mesa, silla…

Li. 1.2

Para ordenar alfabéticamente las palabras hay que fijarse en la primera letra siguiendo el orden del abecedario español:

1. **B**oli
2. **C**uaderno
3. **M**esa
4. **S**illa

Pero si dos palabras empiezan por la misma letra hay que fijarse en la siguiente y, si también coinciden, en la otra:

ma**l**o

ma**n**o

ma**p**a

m**e**sa

TAMBIÉN VAMOS A... Hablar

¿Puedes repetir, por favor?

5. Escucha y relaciona.

1. Esto se llama mesa y esto cuaderno.
2. Me llamo Adolfo Fernández.
3. Las vocales son *a, e, i, o, u.*
4. ¿Qué significa *hola?*
5. Yo soy de Barcelona.

a) ¿Puedes repetir, por favor?
b) Más despacio, por favor.
c) Hello.
d) Más alto, por favor.
e) ¿Cómo se escribe Barcelona, con *b* o con *v?*

AYUDAS EN ESPAÑOL
● ¿Cómo se dice *thank you* en español?
● ¿Puedes / puede repetir, por favor?
● ¿Puedes / puede hablar más despacio, por favor?
● ¿Puedes / puede hablar más alto, por favor?

POR FAVOR
Para ser amable en las peticiones.

Y A ESTUDIAR... Gramática

Por ejemplo, vamos a estudiar verbos:

cantar

pasear

leer

beber

bailar

abrir

escribir

LOS VERBOS (I)

Cuando hablamos de un verbo usamos el infinitivo: escribir, dibujar, leer…

Clasificamos los verbos según su terminación: los que terminan en **-ar,** los que terminan en **-er** y los que terminan en **-ir.**

Primera conjugación -ar	Segunda conjugación -er	Tercera conjugación -ir
Habl**ar** Dibuj**ar**	Com**er** Le**er**	Escrib**ir** Sub**ir**

En el diccionario solo aparece el infinitivo de los verbos.

Fíjate, decimos cantamos y cantan. Las dos son formas del verbo *cantar*. Otras son canto, cantas, cantáis…

Se forman cambiando la terminación del infinitivo por otras terminaciones.

LOS VERBOS (II)

	-AR CANT<u>AR</u>	-ER COM<u>ER</u>	-IR ESCRIB<u>IR</u>
(yo)	cant~~ar~~ **-o**	com~~er~~ **-o**	escrib~~ir~~ **-o**
(tú)	cant~~ar~~ **-as**	com~~er~~ **-es**	escrib~~ir~~ **-es**
(él, ella, usted)	cant~~ar~~ **-a**	com~~er~~ **-e**	escrib~~ir~~ **-e**
(nosotros /-as)	cant~~ar~~ **-amos**	com~~er~~ **-emos**	escrib~~ir~~ **-imos**
(vosotros /-as)	cant~~ar~~ **-áis**	com~~er~~ **-éis**	escrib~~ir~~ **-ís**
(ellos, ellas, ustedes)	cant~~ar~~ **-an**	com~~er~~ **-en**	escrib~~ir~~ **-en**

Todos los verbos de la misma conjugación tienen las mismas terminaciones:

-ar: -o, -as, -a, -amos, -áis, -an.

-er, -ir: -o, -es, -e, -en. Solo se diferencian en la primera y segunda persona del plural: -emos/-imos; -éis/-ís.

Las terminaciones indican de qué persona gramatical se habla:

Habl**a** español y árabe. → (3.ª persona singular)

Hay verbos que no siguen este procedimiento, son los **irregulares.**

Gra. IV-2-3

6. No se oyen bien estos verbos. ¿Los completas con las terminaciones adecuadas?

1.
● ¿Qué (leer / tú) ....?
○ Un libro de español.

2.
▲ ¿Sabes dónde (vivir) .... Luisa?
○ En la calle Mayor.

3.
△ Solo (hablar) .... persa Kemal y Rosi.
● ¿Y vosotras?
△ Nosotras (hablar) .... árabe.
● ¿Y vosotras también?
▼ No, yo no.
○ Yo (hablar) .... un poco.

4.
● Profe, ¿(escribir / nosotros) .... con boli o con lápiz?
○ Con boli.

Escucha y comprueba.

También vamos a aprender por qué en español decimos *Tengo una camisa amarilla* y no *Tengo ~~un~~ camisa ~~amarillo~~.*

En español, los sustantivos tienen género (femenino o masculino) y todas las palabras que los acompañan tienen el mismo género.

EL GÉNERO

Los sustantivos de cosas (objetos, sentimientos...) son o masculinos o femeninos.

➠ El masculino termina en **-o:** el institut**o**, el cuadern**o**...

➠ El femenino termina en **-a:** la carter**a**, la mes**a**...

Los sustantivos de personas y animales tienen dos formas:

Una para el masculino	Una para el femenino
➠ Si termina en **-o, -e**	Cambia por **-a**
El gat**o**	La gat**~~o~~a**
El jef**e**	La jef**~~e~~a**
➠ Si termina en consonante:	Añade una **-a**
El señor	La señor**a**

Gra. II

7. Busca el intruso en estas dos series de palabras. Fíjate en el ejemplo.

Instituto, gimnasio, cuaderno, lapicero, (goma.)

1. pelo, dedo, hamburguesa, bocadillo, abrigo, perro, amigo, cuaderno

2. libreta, mesa, puerta, bombilla, zapato, gorra, suela, camisa

PARA APRENDER ESPAÑOL TAMBIÉN VAMOS A...

Por ejemplo, en el diccionario se muestra el género de los sustantivos:

femenino

> es poco importante. Existe ganado vacuno y de cerda. Su centro comercial es Ciudad Real.
>
> **mano.** *f.* Parte del cuerpo humano que va desde la muñeca hasta la punta de los dedos.
>
> **manojo.** *m.* Conjunto de cosas que se puede abarcar con una mano.

> del grupo polinesio, hablada por dicho pueblo.
>
> **mapa.** *m.* Representación geográfica de la Tierra o parte de ella que se hace en una superficie plana y de acuerdo con una escala.
>
> **mapache.** *m.* Carnívoro fisípedo de cuerpo tosco, patas de longitud media, muy del-

masculino

 8. Consultad el diccionario e indicad el género de estas palabras.

mano, interruptor, clase, móvil, chocolate, televisión, jersey, pendientes, zapatos, fútbol, hamburguesa, llave, suelo, ventana, chándal, reloj, compás, rotulador

Femenino: mano..

Masculino: ....

Los sustantivos también tienen número (singular o plural), según la cantidad de objetos de los que hablamos:

El cuaderno → Los cuadernos

EL NÚMERO

El plural se forma:
- Añadiendo una **-s** a las palabras acabadas en vocal:

  La mesa   las mesa**s**

  El boli   los boli**s**

- Añadiendo **-es** a las que acaban en consonante:

  El reloj   los reloj**es**

  La pared   las pared**es**

Gra. III

 **9.** Completa estas notas.

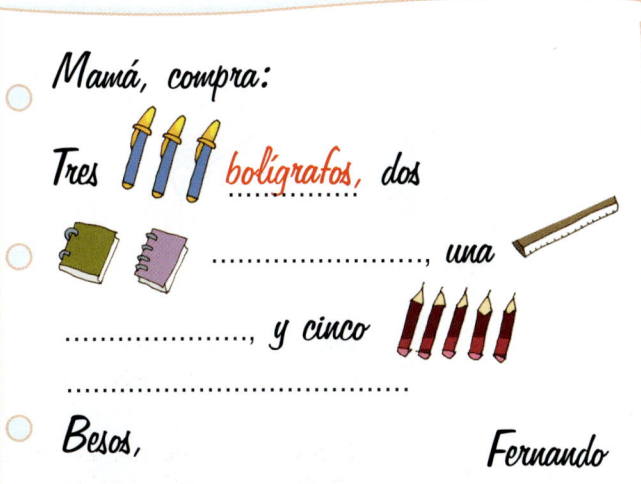

Mamá, compra:

Tres   *bolígrafos,* dos

...................., una

...................., y cinco

....

Besos,

Fernando

Tu encargo:

Un ....

Un ....

Tres ....

Un ....

¡Ah! y dos ....

Mamá

SALUDOS Y DESPEDIDAS

PARA SALUDAR

- Hola.
- Hola, ¿qué tal?
- (Muy) Bien, ¿y tú?/ ¿y usted?

DE MANERA FORMAL

- Hola, buenos días.
  buenas tardes.
  buenas noches.

PARA DESPEDIRSE

- Adiós.
- Adiós, hasta luego / mañana...

Buenos días.

Buenas tardes.

Buenas noches.

Adiós, hasta luego.

Adiós.

Adiós. Hasta mañana.

10. Escucha o lee estos saludos y despedidas. Relaciona cada diálogo con el dibujo correspondiente.

1.
● ¡Hola! ¿Qué tal?
○ Muy bien, ¿y tú?

2.
● ¡Hola, Esperanza!, ¿qué tal?
○ Bien, ¿y usted?

3.
● ¡Hola! Buenos días, ¿el director?
○ Sí, soy yo.

4.
● ¡Hola!
○ ¡Hola!

5.
● Adiós.
○ Adiós, hasta luego.

¿Cómo son los saludos en tu país?
¿Te has fijado en que unas veces decimos *tú* y otras *usted*?

11. ¿*Tú* o *usted*? Señala en cada caso.

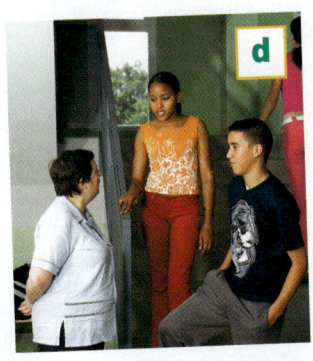

Tú, entre amigos o en situaciones informales (familiares, amigos...):

¿Como te llam**as**? (tú)

¿Cómo os llam**áis**? (vosotros)

Usted, en situaciones formales, con personas de más edad (o en la consulta del médico, en la oficina...) y siempre con verbos en 3.ª persona:

¿Cómo se llam**a**? (usted)

¿Cómo se llam**an**? (ustedes)

Los adultos se dirigen a los jóvenes de **tú**:

¿Es **usted** el doctor López?

Sí, y **tú** eres Amina, ¿no?

Y A FAMILIARIZARNOS CON...

LA PRONUNCIACIÓN

Las palabras están formadas por sílabas.

Cho-co-la-te

Ham-bur-gue-sa

Hay palabras de una sílaba, de dos, de tres, de cuatro y de más sílabas.

■	■ ■	■ ■ ■	■ ■ ■ ■
sí	mesa	ca-mi-sa	Bar-ce-lo-na

 Escucha estas palabras y escríbelas en su lugar correspondiente.

tú, usted, Internet, no, móvil, chocolate, español, profesor, palabras, mapa, televisión

Y TAMBIÉN VAMOS A ESCUCHAR DIÁLOGOS
EN ESPAÑOL, VAMOS A JUGAR...

Y para no perderte aquí tienes un mapa.

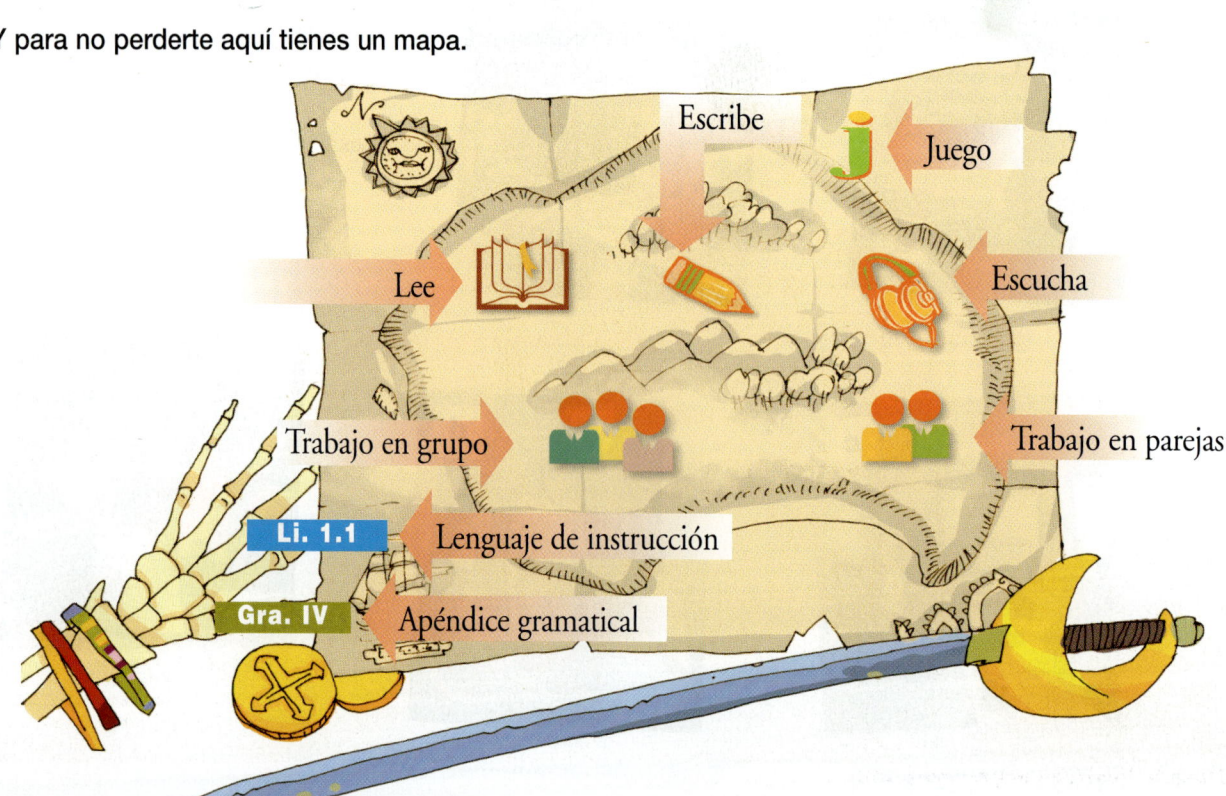

1 Mi clase

EN ESTA UNIDAD VAS A APRENDER A

- Pedir y dar datos personales: nombre, apellidos, nacionalidad, edad, dirección, número de teléfono, dirección de correo electrónico.
- Preguntar y decir la hora.
- Informar sobre las asignaturas que tenemos y su horario.
- Comprender instrucciones sobre las actividades del aula.
- Pedir objetos prestados.

Y TAMBIÉN VAMOS A HACER UNA AGENDA CON LOS DATOS DE NUESTROS COMPAÑEROS

Glosario Ilustrado págs. 144 y 146

¿De dónde eres?

1. Escucha y lee estas presentaciones. Después, relaciona el nombre de cada país con la nacionalidad.

● Mira, Sumnila, éstos son algunos de tus compañeros. Furat, como tú, es marroquí. Radu es rumano. Y Alou, que es senegalés.

○ ¿Y no hay ninguna chica?

● Irina y Yong.

○ ¿De dónde son?

● Irina, rusa y Yong, china.

▲ Profe, ¿y yo?

● ¡Ah!, y también está Aitor, que es español.

País	Nacionalidad
Marruecos	marroquí
Rumanía	....
Rusia	....
China	....
Senegal	....
España	....

LA NACIONALIDAD

EL ADJETIVO (I)

GÉNERO

Algunos adjetivos de nacionalidad tienen dos formas.
Una forma para el masculino y otra para el femenino.

El femenino se hace:

• Cambiando la terminación **-o** por **-a**: italian**o**, italian**a**.

• Añadiendo una **-a** a los acabados en consonante: francé**s**, frances**a**.

Los que acaban en **-i, -u, -a** tienen la misma forma para el masculino y el femenino: iran**í**.

NÚMERO

Siguen las mismas reglas que los sustantivos añadiendo **-s** o **-es**: ruman**o**, ruman**os**. / Español, español**es**.

Gra. III

2. Completa este cuadro.

ÉL	ELLA	PAÍS
....	nigeriana	Nigeria
....	zaireña	....
....	búlgara	Bulgaria
rumano	....	....
....	rusa	....
español	....	....
alemán	....	Alemania
....	portuguesa	Portugal
inglés	....	....
....	senegalesa	....
ucraniano	....	....
iraquí	....	....
nicaragüense	....	Nicaragua

PREGUNTAR POR LA NACIONALIDAD

● ¿De dónde eres / es?
○ (Soy) + nacionalidad.

PARA RELLENAR DOCUMENTOS ESCRITOS

● ¿Nacionalidad?

Nacionalidad ....

SER

(yo)	soy
(tú)	eres
(él, ella, usted)	es
(nosotros /-as)	somos
(vosotros /-as)	sois
(ellos, ellas, ustedes)	son

Ser es un verbo irregular.
En español normalmente no se usan los pronombres sujetos con el verbo.
Su uso es necesario cuando queremos distinguir o contrastar personas:

● ¿De dónde sois?
○ **Yo** soy angoleña.
△ Y **yo**, brasileña.

 3. Pregunta a tus compañeros por su nacionalidad y escribe las respuestas.

● ¿De dónde eres?
○ Peruano.
● Y vosotros, ¿de dónde sois?
○ Nosotras somos camerunesas.

FÍJATE

Al escribir preguntas utilizamos dos símbolos: uno al principio ¿ y otro al final ?:

¿Cómo te llamas?

Li. 2.6

Jorge es peruano. Pascaline y Catherine son camerunesas.

Cifras y números

 4. El coche de tu amigo ha desaparecido. Ésta es la relación de coches que se ha llevado la grúa. Escucha su matrícula y comprueba si está.

Coches

GRÚAS DAVID

7896 BGM	
7476 BHN	9698 BBB
4698 BAC	7895 BBB
7854 PJN	1010 HCM

 5. Completa estas tarjetas con los números que oigas.

 6. Ahora tú, "de forma personal", dicta tres números a tus compañeros. Ellos los tienen que escribir.

NÚMEROS DEL 0 AL 15

Una palabra para cada número.

0	8
cero	ocho
1	9
uno	nueve
2	10
dos	diez
3	11
tres	once
4	12
cuatro	doce
5	13
cinco	trece
6	14
seis	catorce
7	15
siete	quince

Los números son masculinos.
El siete, el doce...
Uno + sustantivo masculino = un.
Un bolígrafo.
Una + sustantivo femenino.
Una casa.

7. Escucha y marca las cantidades que oigas de esta lista.

- ☑ 22 pizarras
- ☐ 18 papeleras
- ☐ 76 paquetes de folios
- ☐ 16 borradores
- ☐ 45 paquetes de tizas
- ☐ 55 perchas
- ☐ 66 persianas

- ☐ 32 fluorescentes
- ☐ 92 mesas
- ☐ 42 sillas

SIGNOS Y OPERACIONES

+ más (suma)
− menos (resta o diferencia)
× por (multiplicación)
÷ dividido entre (división)
= igual a

Li. 4

NÚMEROS DEL 16 AL 100
Números formados combinando palabras.

16	27
dieciséis	veintisiete
17	28
diecisiete	veintiocho
18	29
dieciocho	veintinueve
19	31
diecinueve	treinta **y** uno
21	42
veintiuno	cuarenta **y** dos
22	59
veintidós	cincuenta **y** nueve
23	61
veintitrés	sesenta **y** uno
24	77
veinticuatro	setenta **y** siete
25	...
veinticinco	100
26	cien
veintiséis	

De treinta a noventa:
decenas + y + unidades
Cuarenta **y** ocho
Noventa **y** cuatro

8. Escribe un mensaje en clave y díctaselo a un compañero. Solo puedes utilizar números.

A	B	C	CH	D	E
20	22	24	26	28	30
F	G	H	I	J	K
31	33	35	37	39	41
L	LL	M	N	Ñ	O
50	52	54	56	58	60
P	Q	R	S	T	U
71	73	75	77	79	81
V	W	X	Y	Z	
90	91	93	95	97	

● Setenta y siete, sesenta, noventa y cinco, veinte, cincuenta y seis, veinte.
○ Soy Ana.

Datos personales

PARA PREGUNTAR POR EL NOMBRE Y LOS APELLIDOS

- ● ¿Cómo te llamas?
- ● ¿Cómo te apellidas?

PARA RELLENAR DOCUMENTOS ESCRITOS

- ● ¿Nombre?
- ● ¿Apellidos?

Nombre ....
Apellidos ....

¿CÓMO TE LLAMAS? ¿CÓMO TE APELLIDAS?

FRANKY.

9. Escucha esta conversación y completa los datos del carné.

ESCUELA DE MECÁNICA

Nombre: ....
Apellidos: ....

10. Prepara una agenda con los datos de los compañeros. Puedes empezar preguntando el nombre y los apellidos. Ordénalos alfabéticamente.

11. Escucha y numera estos diálogos.

.... ● ¿Cuántos años tiene Zhimin?
○ Tiene quince años, como yo.

.... ● ¿Cuántos años tienes, Mohamed?
○ Trece, tengo trece años.

.... ● Y vosotras, ¿cuántos años tenéis?
○ Yo tengo quince años.
▲ Y yo, catorce.

.... ● Edad.
○ Doce años.

12. En esta entrevista no se oye bien el verbo *tener*. Complétala.

● Buenos días, señor. ¿Puede contestarme a una pregunta?

○ Sí, cómo no.

● ¿Cuántos años ....*tiene*...... (usted)?

○ Ochenta y cinco. .... ochenta y cinco.

● ¿Ochenta y cinco?

○ Sí, pero mi amigo Ancianus .... más?

● ¿Cuántos años .... (él)?

○ Noventa y dos.

▲ Nosotros .... más.

● ¿Sí? ¿Cuántos años .... ustedes?

▲ Yo .... noventa y nueve. Y tú, Matusalenix, ¿cuántos años ....?

△ Noventa y ocho.

13. Busca a compañeros que...

a) Sus edades suman 28 años.

b) Tienen un año de diferencia entre ellos.

c) Tienen igual edad.

● ¿Cuántos años tienes?
○ ¿Trece? ¿Y tú?
● Catorce.

Nota: En todos los casos puede haber una diferencia de un año.

¿Dónde vives?

14. Fíjate y escribe dos sobres como éste: uno con tu dirección personal y otro con la del instituto.

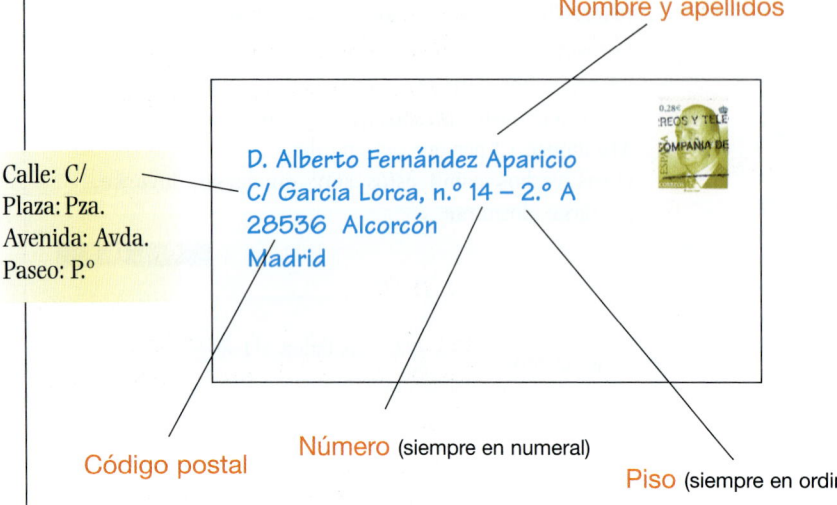

Nombre y apellidos

Calle: C/
Plaza: Pza.
Avenida: Avda.
Paseo: P.º

D. Alberto Fernández Aparicio
C/ García Lorca, n.º 14 – 2.º A
28536 Alcorcón
Madrid

Código postal

Número (siempre en numeral)

Piso (siempre en ordinal)

LA DIRECCIÓN

PARA PREGUNTAR POR LA DIRECCIÓN
- ¿Dónde vives / e?
- En la calle Miguel Hernández.
- Aquí, en Tarrasa.

PARA RELLENAR DOCUMENTOS ESCRITOS
- ¿Dónde vives? / ¿Dirección?
- (En la) calle Miguel Hernández, (número) cuarenta y ocho, segundo C.

Dirección: C/ Miguel Hernández, n.º 48, 2.º C.

Li. 9

PARA PREGUNTAR POR EL TELÉFONO
- ¿Tienes teléfono? / ¿Teléfono?
- ¿Me das tu teléfono?
- Sí, es el.......

PARA INFORMAR SOBRE LA DIRECCIÓN DE CORREO ELECTRÓNICO
- ¿Tienes correo electrónico?
- Sí, es albah@guanadu.es

Se lee: albahache, **arroba**, guanadú, **punto**, es

@ = arroba

ORDINALES

Para indicar orden, se utiliza

1.º primero   1.ª primera
2.º segundo   2.ª segunda

....

Se añade una **o** para el masculino y una **a** para el femenino:
10.º capítulo, 2.ª ventana

Primero / tercero + nombre masculino = PRIMER / TERCER
primer piso / **tercer** premio

Si no, se dice: Capítulo **primero**. / Soy el **tercero**.

15. Escucha esta conversación y completa los datos que faltan.

(...)
- Claudio, ¿cómo se apellida?
- Hernández Baralo.
- ¿Dónde vive?
- ... de la Luz, n.º...., ... En Jarandilla de la Vera.
- ¿Tiene teléfono?
- ....
- ¿Tiene correo electrónico?
- Sí, Claudio, ..., guanadú.......

16. ¿Cuántas frases puedes hacer con estos elementos?

Dónde | c/ | ? | vives | ustedes
electrónico | viven | 2.ºC.
n.º48 | Miguel | ?
Tenéis | Tienes | ¿ | correo
teléfono | ¿ | Hernández

17. Escribe los datos de un personaje imaginario.
Contesta a las preguntas que te formulen sobre él.

Nombre: Robocot
Apellidos: Emeequisdós
Edad: X
Dirección: Avda. de Marte 13.005-105-24X
Tel.: XYP121205-M
E-Mail: yorobot@mimail.es

● ¿Cómo te llamas?
○ Robocot.
● ¿Cómo te apellidas?
○ Emeequisdós.
● ¿Dónde vives?
○ En Avda. de Marte.

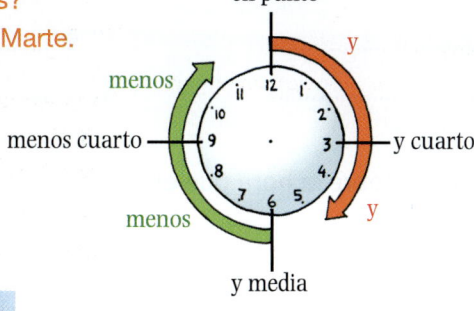

en punto
y
menos
menos cuarto
y cuarto
menos
y
y media

Días y horas

18. Escucha y relaciona estas informaciones
con las horas que oigas.

1. ● ¿Tiene hora?
   ○ Sí, son las…

2. En España las
   tiendas abren a las…

3. Yo me voy a dormir
   tarde, a la…

4. Tren con destino Valencia
   tiene su salida a las…

5. ● ¿Qué hora es?
   ○ Las…

a)

b)

c)

d)

e)

PERDONE,
¿TIENE HORA?

VIVIR

(yo)	vivo
(tú)	vives
(él, ella, usted)	vive
(nosotros /-as)	vivimos
(vosotros /-as)	vivís
(ellos, ellas, ustedes)	viven

Vivir es un verbo regular de la tercera conjugación **(-ir)**.

LA HORA

La una ⎫
Las dos / las tres ⎭ **y** cinco / diez…
menos cinco / diez…

Fíjate:
Con **menos** calculamos los minutos que faltan hasta la hora siguiente. Por eso decimos:
La / las + hora siguiente + menos.
(12:40) Es la **una** menos **veinte**.
Las horas son femeninas.
La una es singular: **la** una
Las demás son plurales: **las** dos / tres / cinco…

PARA PREGUNTAR POR LA HORA

● ¿Qué hora es?
○ Es la… / son las…
● ¿Tienes / tiene… hora, por favor?
○ Es la una / son las tres.
○ No, lo siento.

Gra. V

MAMÁ,
¿QUÉ HORA
ES?

19. ¿Qué preguntarías en cada caso para saber la hora? ¿Qué te responden?

1

2

3

● ¿Qué hora es?

○ ....……....

● ....……....

○ ....……....

● ....……....

○ ....……....

20. Contesta a las preguntas de tu compañero sobre la hora que es.

Alumno A

No sabes qué hora es. Pregúntales a estas personas.

a)   b)   c)

Te preguntan por la hora. Tu reloj marca:

1.º   **2:05**

2.º

3º   **8:45**

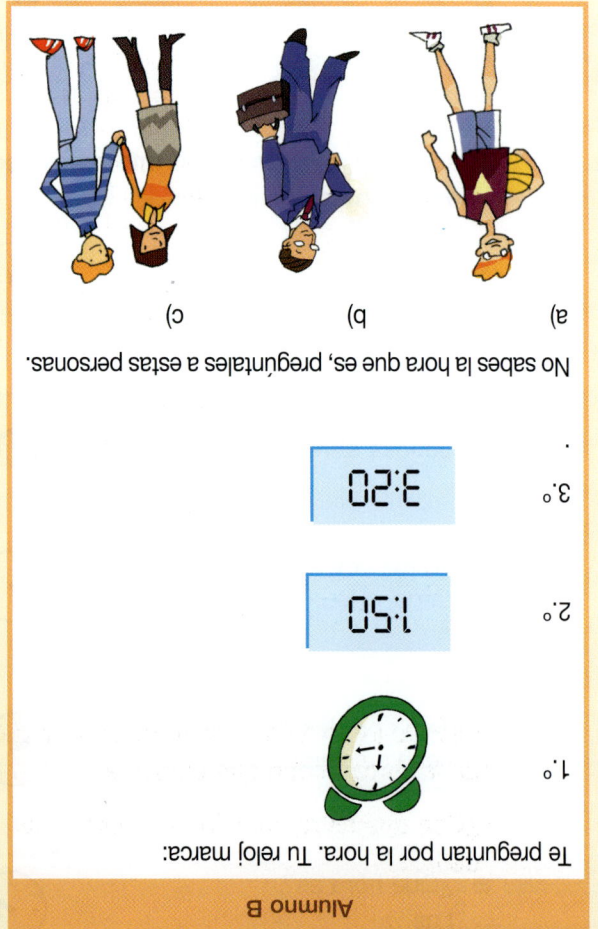

Alumno B

Te preguntan por la hora. Tu reloj marca:

1.º

2.º   **1:50**

3.º   **3:20**

No sabes la hora que es, pregúntales a estas personas.

a)   b)   c)

21. ¿Conoces a tu compañero? Siempre está viendo la televisión. Pregúntale por la hora en tres momentos diferentes del día y sabrás qué programa ve.

● ¿Tienes hora?
○ Sí, son las nueve y veinte.

Tele23	
09:00	Música de amor
09:30	Teleamor
10:00	Noticias
10:12	La salud
10:35	Deportes1
11:15	Mi chica y yo
11:45	Deportes 2
13:00	Cocina con Carlitos
14:00	Yo, una chica
15:00	CNM. Noticias
15:30	Fútbol
15:50	Telenovela
16:55	Animales
18:25	Spiderman
18:40	Música Rock
19:05	La vida rosa

22. Lee y contesta.

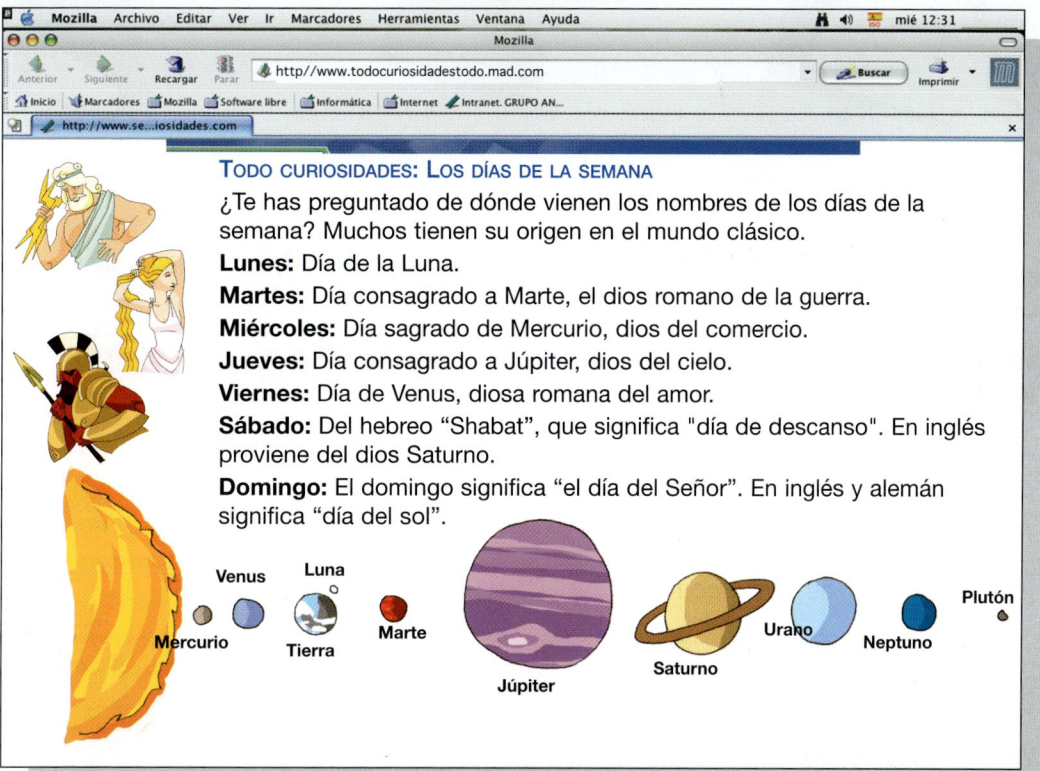

TODO CURIOSIDADES: LOS DÍAS DE LA SEMANA

¿Te has preguntado de dónde vienen los nombres de los días de la semana? Muchos tienen su origen en el mundo clásico.

Lunes: Día de la Luna.
Martes: Día consagrado a Marte, el dios romano de la guerra.
Miércoles: Día sagrado de Mercurio, dios del comercio.
Jueves: Día consagrado a Júpiter, dios del cielo.
Viernes: Día de Venus, diosa romana del amor.
Sábado: Del hebreo "Shabat", que significa "día de descanso". En inglés proviene del dios Saturno.
Domingo: El domingo significa "el día del Señor". En inglés y alemán significa "día del sol".

a) Escribe junto a cada astro el nombre del día de la semana con que coincide.

b) ¿Con qué astro coincide el nombre del día de hoy?

c) ¿En qué día de la semana se descansa en tu país?

DÍAS DE LA SEMANA

Lunes, martes, miércoles, jueves, viernes, sábado, domingo (fin de semana).

Los días de la semana son masculinos:
el lunes, **el** martes, **el** miércoles...

Cuando decimos **los** lunes, **los** martes, **los** domingos... nos referimos a todos:
Los domingos no hay colegio.

23. Éstos son los libros de Alberto y María. Escribe el nombre de algunas de las asignaturas que tienen este año y las que tienes tú.

1

....

2

....

3

....

4

....

5

....

6

....

Tienen educación física, música… Yo tengo matemáticas, ciencias de la naturaleza.

 24. Escucha y completa el horario del lunes y el martes.

Horario 2.° C					
	LUNES	MARTES	MIÉRCOLES	JUEVES	VIERNES
8-9		Lengua	Lengua	Inglés	Lengua
9-10	Inglés		Geografía e historia	C. Naturaleza	Geografía e historia
10-11	C. Naturaleza	E. física	C. Naturaleza	G. e historia	E. Física
11-11:30	RECREO				
11:30-12:30		Música	Tecnología	Francés	Música
12:30-13:25	Francés		Estudio	Francés	Tecnología
13:25-14:20	Tutoría	Inglés		Optativa	

 25. Consulta el horario de 2.° C y completa.

CUADERNO DE EJERCICIOS

Los miércoles **a primera hora** tenemos ......lengua......

A segunda .... y **de 10 a 11** ....

Después del recreo tenemos .... y **a última hora** estudio.

El jueves **de 8 a 9** tenemos ...., después .... y luego geografía e historia. Luego dos horas de .... y **a última hora** ....

El viernes a .....primera hora..... tenemos lengua, a .... geografía e historia y .... educación física. .... del recreo, música y .... tecnología.

26. Pregunta a tu compañero para completar el horario.

a) Distribuye en los espacios en blanco:

2 horas de matemáticas, 1 de educación plástica y visual,

2 de lengua, 2 de geografía e historia, 1 de estudio,

1 de francés y 1 de educación física

Alumno A				
Lunes	Martes	Miércoles	Jueves	Viernes
matemáticas				
lengua				
Recreo				

b) Distribuye en los espacios en blanco:

2 de inglés, 2 de ciencias de la naturaleza, 1 de lengua

1 de educación física, 1 de geografía e historia, 1 de matemáticas

1 de francés y 1 de educación plástica y visual

Alumno B				
Lunes	Martes	Miércoles	Jueves	Viernes
matemáticas				
lengua				
Recreo				

● ¿Qué tenemos el lunes a segunda hora?

○ Lengua. Y ¿a primera hora?

● Matemáticas.

PARA HABLAR DEL HORARIO

● ¿A qué hora + salimos / entramos?

● ¿Cuándo tener / hay + actividad?

○ A + { la / las...
primera hora.
última hora

○ **de** hora **a** hora

A primera hora tenemos lengua y a última matemáticas.

También decimos: *primero, luego, después.*

¿Qué tenemos el lunes?

Primero lengua, **luego** inglés y **después** matemáticas.

27. Señala qué frases de éstas dicen los profesores en clase.

- ☐ Callaos.
- ☐ ¿Me dejas el boli?
- ☐ Abrid el libro.
- ☐ Sentaos.
- ☐ ¿Puedes repetir, por favor?
- ☐ Haced el ejercicio 8.

INSTRUCCIONES DE CLASE
Escuchad.
Callaos.
Abrid el libro por la página + n.º
Sacad el cuaderno...
Haced el ejercicio...
Leed el texto.
Sentaos.

Escucha y numera las instrucciones que dan estos profesores.

- ☐ Sacad el libro de lengua y literatura y leed el texto de la página cuarenta y dos.
- ☐ Escuchad… ¡Calla, Vanesa!
- ☐ Mirad este mapa.
- ☐ Alberto, cierra la puerta.

PARA COMPROBAR LA COMPRENSIÓN
¿Queda claro?
¿Ha quedado claro?
¿Vale?
¿Lo entendéis?
¿Lo habéis entendido?

¿Me dejas una regla?

 28. Lee este diálogo.

INDEFINIDOS

	Singular	Plural
Masculino	Un	Unos
Femenino	Una	Unas

Con los indefinidos nos referimos a objetos individuales.
Se utilizan para hablar de algo que no podemos identificar bien porque hay varios objetos de la misma clase o porque es la primera vez que hablamos de ello.
¿Me dejas **un boli**?

Los indefinidos concuerdan con el sustantivo al que acompañan.
Tengo un**as** amig**as** en Sevilla.

Fernando, ¿qué ves?

Una bicicleta, unos árboles, unas cajas, un coche...

a) Señala las cosas que ve Fernando.

b) ¿Habéis marcado todos las mismas?

29. Un, dos, tres responde otra vez. En parejas. En tres minutos di todas las palabras que sepas.

● Objetos que hay en una clase.
  Por ejemplo: Una silla. Un, dos, tres responda otra vez.
○ Una silla.
△ Una mesa.

 30. Vanesa Ordena Dita tiene de todo. ¿Qué pide Aitor a su compañera? Escribe cuatro frases.

¿Me dejas un lápiz?

....

....

....

....

 31. En tres minutos pide objetos prestados a tus compañeros. ¿Cuántos consigues?

● ¿Me dejas un borrador?
○ Sí, toma.
○ No, lo siento, solo tengo uno.
○ No, no tengo.

TEXTOS PARA APRENDER

 NDICE

1. Marca el libro con el que se corresponde este índice.

2. ¿Cuántos bloques tiene el índice? ¿Qué unidades hay en cada bloque?

3. ¿En qué unidad estudiamos América? ¿Y la Tierra?

4. ¿En qué páginas están las comunidades autónomas?

5. Pon un título a cada uno de los bloques.

   Bloque II

   Población y actividad económica

6. ¿Qué temas te gustan más de esta asignatura?

Para saber el significado de una palabra puedes fijarte en las palabras que hay al lado:

Observa:

   Unidad 11: Europa, nuestro **continente.**

   Unidad 12: América, un **continente** de grandes contrastes.

   Unidad 13: África, un **continente** desconocido.

   Unidad 14: Asia y Oceanía, los **continentes** lejanos.

También puedes utilizar el diccionario:

Continente. s. m. Cada una de las grandes extensiones en las que se considera dividida la superficie terrestre: *Europa, América y Asia son continentes.*

La sílaba tónica

En las palabras la sílaba que se pronuncia con más fuerza es la sílaba tónica.

Par**ed**

Foto**co**pia

En español la sílaba tónica es:

• La penúltima si la palabra acaba en vocal, *n* o *s:* ☐ ☐ ■ ☐

ti **je** ras

> La mayoría de las palabras españolas.

• La última si acaba en consonante (ni *n* ni *s*): ☐ ☐ ☐ ■

pro fe **sor**

• Cuando la sílaba tónica es la tercera o cuarta sílaba, siempre llevan tilde. ☐ ■ ☐ ☐

☐ ´

bo **lí** gra fo

Si no cumple estas reglas la palabra lleva tilde:

ca**mión**

Escucha estas palabras y clasifícalas según su sílaba tónica.

mesa, bolígrafo, ventana, zapato, televisión, libro, café, comedor, tijeras, español, Madrid, dibujo, estuche, lapicero, Barcelona, cartera, hamburguesa, móvil

☐ ☐ ☐ ■	☐ ☐ ■ ☐	´
	mesa	

En los verbos, la sílaba tónica está en la raíz del verbo salvo en *nosotros* y *vosotros:*

canto   **co**mes   es**cri**ben   escri**bís**   co**me**mos   can**ta**mos

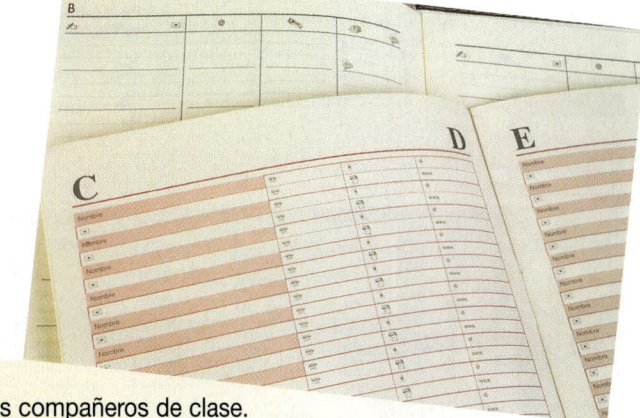

ACTIVIDAD GLOBAL

Vamos a hacer una agenda con los datos de todos los compañeros de clase.

1. Piensa:
   a) en los datos que quieres saber;
   b) en la forma final de la agenda.

2. Pregunta a los compañeros su nombre, apellidos, dirección, dirección de correo electrónico...

2 Mi instituto

EN ESTA UNIDAD VAS A APRENDER A

- Hablar sobre los lugares y servicios de un instituto y su localización.
- Dar y pedir información sobre el calendario escolar.
- Expresar existencia.
- Hablar sobre las normas escolares.
- Pedir permiso y solicitar que alguien haga algo.
- Adquirir productos en la cafetería del instituto.

Y TAMBIÉN VAMOS A HACER UN FOLLETO DE PRESENTACIÓN DE NUESTRO CENTRO PARA LOS COMPAÑEROS QUE LLEGUEN NUEVOS AL INSTITUTO

Segunda planta

Primera planta

INSTITUTO DE EDUCACION SECUNDARIA "EGA"

Planta baja

Glosario Ilustrado págs. 147-149

Lugares del instituto

 **1.** Escucha y lee este diálogo. Señala los nombres de los lugares del instituto.

● Pues yo estudio en el instituto Miquel Jakson.

○ ¿Y qué tal?

● Muy bien. En mi instituto hay de todo. Hay aula de informática, cafetería, gimnasio...

○ ¿Y biblioteca?

● Sí, también hay biblioteca y aula de música, laboratorio...

○ ¡Qué bien!, ¿no?

● Sí, pero... hay que estudiar.

AULA DE INFORMÁTICA

 2. Escucha y anota lo que hay y no hay en este instituto.

Hay	aulas…
No hay	

HAY

Utilizamos **hay** para hablar de la existencia de algo que pensamos que nuestro interlocutor desconoce.

En mi país **hay** una ciudad muy bonita...

3. En tres minutos escribe el nombre de cosas que hay en la clase y cosas que no hay. ¿Cuántos consigues escribir?

Hay mesas, sillas...
No hay coches, pasos de cebra...

ARTÍCULOS

Acompañan al sustantivo y concuerdan con él en género y número.

	Masculino	Femenino
Singular	**El** libr**o**	**La** carpet**a**
Pural	**Los** libr**os**	**Las** carpet**as**

Usamos **el, la, los, las** para referirnos a objetos identificables: no hay otro igual o ya se ha mencionado antes:

¿Me dejas **el** libro?

Un, una, unos, unas los usamos cuando nos referimos a algo que no es identificable, porque hay varios objetos del mismo tipo o porque es la primera vez que lo mencionamos:

¿Me dejas **un** boli?

Cuando no nos referimos a ningún objeto en concreto no utilizamos artículos (**Ø**):

En la biblioteca hay (**Ø**) libros.

FÍJATE

Unas veces utilizamos los sustantivos sin artículo (**Ø**), otras empleamos **un, una, unos, unas** y otras los artículos **el, la, los, las.**

Ø quirófano, **Ø** habitaciones, **Ø** cafetería.
Un médico.
El bisturí, **las** tijeras, **la** sierra.

4. Tu dibujo y el de tu compañero parecen iguales, ¿lo son? Comparadlos.

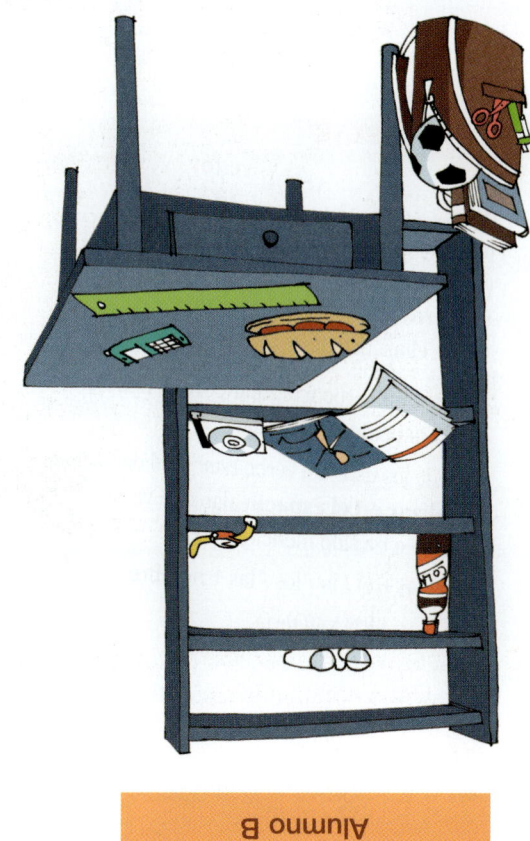

a) Haz una lista de todos los objetos que aparecen en tu dibujo.

En la estantería hay un reloj, una gafas...

b) Comparad vuestras listas.

c) ¿Qué objetos se repiten en los dos dibujos?

La mochila, los libros...

5. Se han mezclado conversaciones: relaciona los enunciados de la izquierda con los de la derecha y escribe los artículos que faltan.

1. ● Klaus es un amigo de Luis.
2. ● Fátima vive en ...... pueblo de Extremadura.
3. ● Emilia tiene ...... amigas inglesas.
4. ● Lao estudia en ...... academia de cocina.
5. ● Tenemos ...... libros de kárate nuevos y ...... películas de kung fu.
6. ● Tengo ...... perrita y ...... tortugas.

a) ○ ¿...... libros son japoneses?
b) ○ Son ...... chicas que viven en Alicante, ¿verdad?
c) ○ Sí, ya sé. ...... perrita se llama Leika y ...... tortugas, Rodolfo y Benita.
d) ○ ¿Es el famoso amigo alemán?
e) ○ Sí, ... pueblo se llama Jarandilla.
f) ○ ...... academia se llama Ferrá Adriá, ¿no?

ESTAR

(yo)   est**oy**
(tú)   est**ás**
(él, ella, usted)   est**á**
(nosotros /-as)   est**amos**
(vosotros /-as)   est**áis**
(ellos, ellas, ustedes)   est**án**

Estar es un verbo irregular porque tiene la primera persona irregular.

Uno de los usos del verbo *estar* es el de **localizar en el espacio** algo que ya se conoce o ha sido mencionado.

Estar en + el / la / los / las + nombre

Estoy en la cafetería.

LOCALIZAR UN ELEMENTO RESPECTO A OTRO

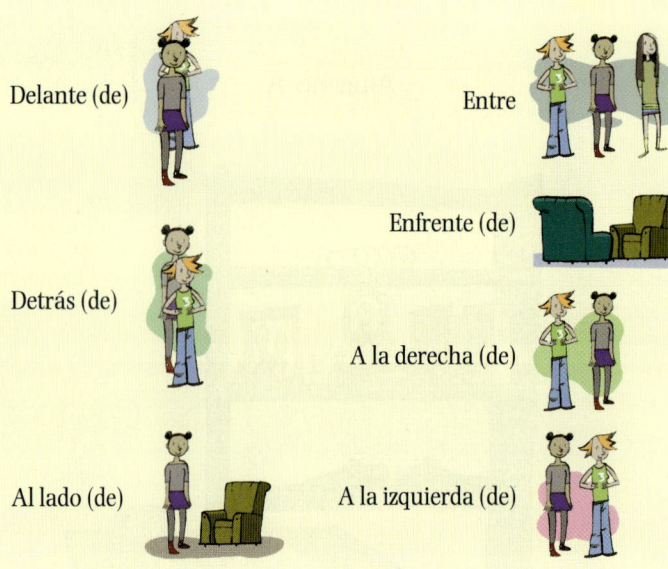

Delante (de)

Entre

Enfrente (de)

Detrás (de)

A la derecha (de)

Al lado (de)

A la izquierda (de)

Se usa **de** cuando queremos dejar claro el punto de referencia:

Mi habitación está a la izquierda **de** la escalera.

No se usa **de** cuando sabemos de qué punto de referencia hablamos:

Los libros **de** arte están a la izquierda.

Fíjate:

a + el = **al**   Estoy **al** lado **del** gimnasio.

de + el = **del**   Enfrente **del** laboratorio.

Planta / piso: *Planta* se utiliza en edificios oficiales, mientras que *piso* se usa más para viviendas.

 6. Lee estos mensajes.

a)

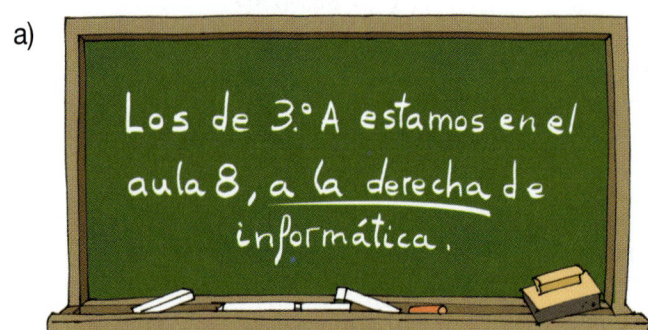

Los de 3.º A estamos en el aula 8, a la derecha de informática.

b)

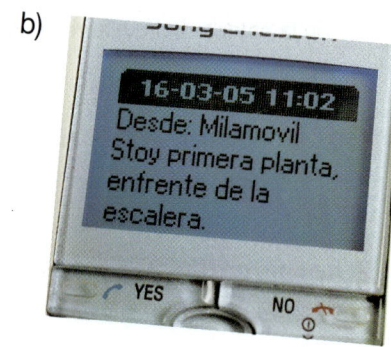

16-03-05 11:02
Desde: Milamovil
Stoy primera planta, enfrente de la escalera.

YES   NO

c)

El equipo de fútbol está en el aula 18, al lado del laboratorio.

El entrenador

d)

NOTA

RECUERDA:
Los servicios de chicos están en la primera planta **a la izquierda.**
NO A LA DERECHA.

El JEFE DE ESTUDIOS

Localiza en este plano los lugares anteriores.

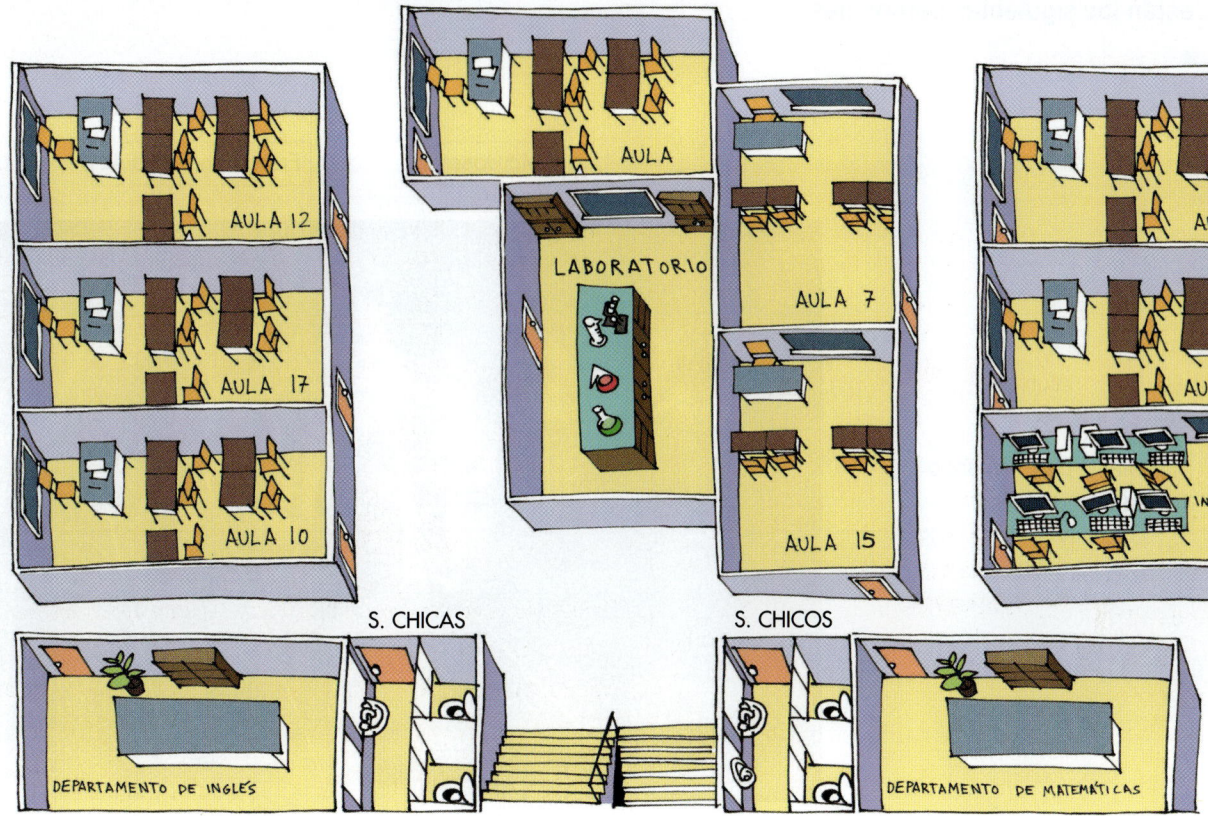

7. Estas conversaciones no se han oído bien. Fíjate en el plano anterior y completa las preguntas que han hecho.

a) ● ¿Dónde está el departamento de inglés?
   ○ A la izquierda del servicio de chicos.

   b) ● ¿Dónde ....?
      ○ Enfrente del aula 17.

   c) ● ¿Dónde ....?
      ○ Entre las aulas diez y doce.

d) ● ¿Dónde ....?
   ○ Enfrente del departamento de matemáticas, a la derecha.

      e) ● ¿Dónde ....?
         ○ A la derecha del servicio de chicos.

      f) ● ¿Dónde ....?
         ○ Enfrente del servicio de chicos.

      g) ● ¿Dónde ....?
         ○ Al lado del aula 8.

PREGUNTAR POR LA LOCALIZACIÓN DE ALGO EN EL ESPACIO

● ¿Dónde está Andalucía?
○ En el sur de España.

¿DÓNDE?
Para preguntar por lugares.
¿**Dónde** vive David?
¿**Dónde** están las llaves?

EN
Para indicar que algo está dentro de un espacio definido.
El queso está **en** el plato y el plato está **en** la mesa.

8. **Ésta es la familia del rey Carlos IV que pintó Goya. Pregúntale a tu compañero dónde están los siguientes personajes.**

● ¿Dónde está Carlos María?

○ ...

Alumno A

Carlos María
Infante Don Fernando
Infanta M.ª Isabel
Carlos IV
Carlota Joaquina

M.ª Josefa   Francisco de Paula   M.ª Luisa

M.ª Luisa de Parma   Hermano del Rey   Don Luis   Carlos Luis

M.ª Luisa de Parma   Infante Don Fernando   Carlos María

Alumno B

M.ª Josefa
Francisco de Paula
Hermano del Rey
Don Luis
Carlos Luis
M.ª Luisa

Carlota Joaquina   Carlos IV   Infanta M.ª Isabel

9. Lee estos textos y fíjate en las palabras subrayadas.

España es un país de la Unión Europea situado al <u>sur</u> de Francia y al <u>norte</u> de África. Al <u>norte</u> de España están los Pirineos, al <u>este</u> el mar Mediterráneo, al <u>oeste</u> el océano Atlántico y al <u>sur</u> el estrecho de Gibraltar.

*****

Cataluña está situada al <u>nordeste</u> de España; en el lado opuesto, al <u>noroeste</u>, está Galicia. Al <u>sudeste</u> está Murcia y al <u>sudoeste</u> Huelva.

Para orientarnos y situar algo en el espacio en relación con un punto de referencia, se utilizan los puntos cardinales:

Norte (**N**), Sur (**S**), Este (**E**) y Oeste (**O**)

Puntos intermedios son: Nordeste (**NE**), Noroeste (**NO**), Sudeste (**SE**) y Sudoeste (**SO**).

Cuando van abreviados se escriben en mayúscula.

Li. 7

 Piensa en una provincia o en una comunidad autónoma de España. Tus compañeros van a preguntarte para descubrir de cuál se trata. Solo pueden hacer cuatro preguntas. Continúa quien acierte.

○ ¿Está al sur de Madrid?

● ¿A la derecha de Toledo?

A Coruña
Lugo
Galicia
Pontevedra
Ourense
León
Castilla y León
Palencia
Zamora
Valladolid
Segovia
Salamanca
Ávila
Cáceres
Extremadura
Badajoz

Principado de Asturias
Cantabria
Bizcaia
Guipúzcoa
País Vasco
Álava
C. F. de Navarra
Burgos
La Rioja
Soria
Huesca
Zaragoza
Aragón
Teruel
Guadalajara
Comunidad de Madrid
Toledo
Cuenca

F R A N C I A

Girona
Cataluña
Lleida
Barcelona
Tarragona
Castellón
Comunidad Valenciana
Valencia
Alicante

Islas Baleares

Castilla-La Mancha
Ciudad Real
Albacete

Córdoba
Jaén
Región de Murcia
Huelva
Sevilla
Andalucía
Granada
Almería
Málaga
Cádiz

P O R T U G A L

N
NO   NE
O   E
SO   SE
S

Mar Mediterráneo

Comunidad de Canarias
Santa Cruz de Tenerife
Las Palmas

Ciudad autónoma de Ceuta

Ciudad autónoma de Melilla

Li. 11

10. Fíjate en este calendario. Escribe el nombre de todos los meses del año. ¿Se parece a alguno en tu lengua?

1. Enero.
2. Febrero.
3. ....
4. ....
5. ....
6. ....
7. ....
8. ....
9. ....
10. ....
11. ....
12. ....

SEPTIEMBRE

L	M	X	J	V	S	D
1	2	3	4	5	6	7
8	9	10	11	12	13	14
15	16	17	18	19	20	21
22	23	24	25	26	27	28
29	30					

OCTUBRE

L	M	X	J	V	S	D
		1	2	3	4	5
6	7	8	9	10	11	12
13	14	15	16	17	18	19
20	21	22	23	24	25	26
27	28	29	30	31		

NOVIEMBRE

L	M	X	J	V	S	D
					1	2
3	4	5	6	7	8	9
10	11	12	13	14	15	16
17	18	19	20	21	22	23
24	25	26	27	28	29	30

DICIEMBRE

L	M	X	J	V	S	D
1	2	3	4	5	6	7
8	9	10	11	12	13	14
15	16	17	18	19	20	21
22	23	24	25	26	27	28
29	30	31				

ENERO

L	M	X	J	V	S	D
		1	2	3	4	
5	6	7	8	9	10	11
12	13	14	15	16	17	18
19	20	21	22	23	24	25
26	27	28	29	30		

FEBRERO

L	M	X	J	V	S	D
					1	2
3	4	5	6	7	8	9
10	11	12	13	14	15	16
17	18	19	20	21	22	23
24	25	26	27	28		

MARZO

L	M	X	J	V	S	D
					1	2
3	4	5	6	7	8	9
10	11	12	13	14	15	16
17	18	19	20	21	22	23
24	25	26	27	28	29	30
31						

ABRIL

L	M	X	J	V	S	D
	1	2	3	4	5	6
7	8	9	10	11	12	13
14	15	16	17	18	19	20
21	22	23	24	25	26	27
28	29	30				

MAYO

L	M	X	J	V	S	D
			1	2	3	4
5	6	7	8	9	10	11
12	13	14	15	16	17	18
19	20	21	22	23	24	25
26	27	28	29	30	31	

JUNIO

L	M	X	J	V	S	D
						1
2	3	4	5	6	7	8
9	10	11	12	13	14	15
16	17	18	19	20	21	22
23	24	25	26	27	28	29
30						

JULIO

L	M	X	J	V	S	D
	1	2	3	4	5	6
7	8	9	10	11	12	
14	15					
			26	27		
28	29	30	31			

AGOSTO

L	M	X	J	V	S	D
				1	2	3
				8	9	10
11	12	13	14	15	16	17
18	19	20	21	22	23	24
25	26	27	28	29	30	31

VACACIONES

11. Relaciona cada expresión con su dibujo. Consultad el diccionario o preguntad al profesor.

Días laborables   Días no lectivos   Semana Santa   Navidad   Vacaciones de verano

1

2

3

4

5

12. Lee esta nota y señala en el calendario los siguientes datos.

I.E.S. Peñascales
Camino de Lo Pagán s/n
MURCIA

El curso comienza el 15 septiembre y termina el 18 de junio.

Vacaciones:

- Navidad, del 22 de diciembre al 7 de enero.
- Semana Santa, del 7 al 16 de abril.
- Vacaciones de verano: comienzan el 1 de julio.

Fiestas:

12 de octubre, 1 de noviembre, 6 y 8 de diciembre, 1 de mayo.

Cada mes se representa con un número: enero el 1, febrero el 2..., diciembre el 12.

El curso está dividido en tres trimestres que acaban en vacaciones.

El año también se divide en cuatro estaciones según el tiempo que hace: primavera, verano, otoño, invierno.

En español las fechas se indican siguiendo un orden:

7 - 1 - 2014

día   mes   año

Li. 8

13. Tres profesores hispanoamericanos quieren viajar juntos a España y hablan sobre las fiestas escolares en sus países. Anota las fechas de sus vacaciones. ¿Cuándo coinciden?

Vacaciones			
	Invierno	Semana Santa	Verano
Violeta (Argentina)	Del 24 diciembre al 3 de enero		
Omaira (R. Dominicana)			
Marcelo (Colombia)			

14. ¿Cómo es el calendario escolar de este año? ¿Cuándo son las vacaciones? ¿Qué otros días no tienes clase este curso? Pregúntale a tu profesor, al jefe de estudios... y anótalo en tu agenda.

- ● ¿Qué días no hay clase este curso?
- ○ El seis de diciembre.
- ● ¿Qué fiesta hay en febrero?

¿Cuándo son las vacaciones escolares en tu país?

Soy vuestro profesor de matemáticas

15. ¿Quién es quién? Estas siete personas trabajan en un IES. ¿Puedes averiguar cuál es el trabajo de cada uno?

 MIGUEL ÁNGEL
 LUIS
 CHEMA
 MAITE
 MARISA
 CARMEN
 RUFINO

- • Ni a Miguel Ángel ni a Luis les gusta el deporte.
- • El profesor de ciencias de la naturaleza se llama Luis.
- • Hay dos profesoras: una de lengua y otra de geografía e historia.
- • Maite lee muchos libros.
- • Carmen no es profesora.
- • En el IES hay una señora de la limpieza y un conserje.
- • Chema y Miguel Ángel son profesores.
- • Miguel Ángel tiene muchas calculadoras en su casa.
- • Hay un profesor de educación física.

 Escucha y comprueba tus respuestas.

¿PUEDO IR AL SERVICIO?

ESCUELA

PEDIR PERMISO

● ¿Puedo / podemos + ir al servicio / pasar...?

CONCEDER PERMISO

● Sí + claro, naturalmente, por supuesto...

Para reforzar la concesión se suelen repetir los elementos:

Sí, sí. / Sí, sí, claro. / Sí, sí, claro, claro...

SOLICITAR QUE ALGUIEN HAGA ALGO

● ¿Puedes/e... + abrir la ventana..., por favor? + (es que) ...

PARA RECHAZAR

No + justificación

No, es que tengo frío.

PARA JUSTIFICARSE

Es que

● ¿Puedo cerrar la ventana? **Es que** hace mucho frío.

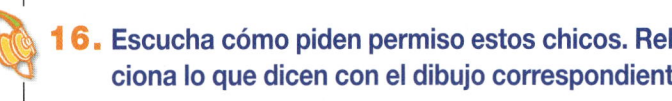

16. Escucha cómo piden permiso estos chicos. Relaciona lo que dicen con el dibujo correspondiente.

a) ● ¿Puedo salir al recreo?
   ○ No. Primero termina los ejercicios.

b) ● Profe, ¿podemos sentarnos juntas?
   ○ Sí, sí, pero sin hablar.

c) ● ¿Puedo ir al servicio?
   ○ No. Espera al recreo.
   ● ¡Profe!

d) ● ¿Puedo pedir un lápiz?
   ○ Sí.

1

2

3

4

17. **Estáis en estas situaciones. Pídele permiso a un compañero. Él o ella te lo concede.**

> ➡ Quieres salir al patio.
> ● ¿Puedo salir al patio?
> ○ Sí, claro.

➡ Estás en casa de un amigo y tienes que llamar a tu casa.

➡ Estás en clase de matemáticas y necesitas ir al servicio.

➡ Tus amigos juegan al baloncesto. Tú quieres jugar también.

➡ Llegas tarde a clase y quieres entrar.

➡ Tu boli no tiene tinta. Quieres pedir uno.

 Estáis en estas situaciones. Pídele a un compañero estos favores. ¿Te los concede o no?

> ➡ El móvil de tu amigo suena constantemente. No sigues las explicaciones del profesor.
> ● ¿Puedes apagar el móvil? Es que no puedo oír al profesor.
> ○ Sí, claro. Perdona.

➡ Tienes calor y la ventana está cerrada.

➡ El profesor habla muy rápido y no le oyes bien.

➡ La luz está encendida y te molesta.

➡ Estás en casa de un amigo y tienes mucha sed.

➡ En el autobús la ventana está abierta. Tienes frío y hay un señor junto a la ventana.

➡ No sabes la hora y una pareja de ancianos pasa a tu lado.

18. ¿Qué significan estas señales? Completa con *Se puede* o *No se puede.*

No se puede

Se puede

En esta ciudad hay cosas que no entiendo muy bien. (1) No se puede fumar en los bares pero (2) ……......................... llevar pistolas por la calle. En el parque (3) ……...................................... dar de comer a las palomas pero sí (4) ……....................... cazar. (5) ……........................ pisar el césped pero sí (6) ……....................... cortar flores. En los hospitales (7) ……....................... hablar por teléfono pero sí (8) ……....................... jugar al balón en los pasillos.

Es una ciudad muy rara.

 **19.** **Escribid frases con lugares donde están permitidas y prohibidas estas cosas. ¿Cuántos lugares distintos podéis escribir?**

1. fumar
2. hablar en voz alta.
3. jugar al balón
4. usar el móvil
5. reírse
6. tocar esculturas
7. comer

    1. **No se puede** fumar en los hospitales.
    2. No se...

PODER	
(yo)	**pue**do
(tú)	**pue**des
(él, ella, usted)	**pue**de
(nosotros /-as)	pod**emos**
(vosotros /-as)	pod**éis**
(ellos, ellas, ustedes)	**pue**den

El verbo *poder* es un verbo irregular; cambia la **-o-** de la raíz en **-ue-**, menos en la primera y segunda persona de plural.

Muchos verbos tienen esta irregularidad en presente: *volver, mover, dormir.*

Gra. IV. 4.1

20. ¿Qué crees que está permitido y prohibido en este instituto?

Normas de convivencia del IES Ciudad de Leganés

1. .... salir al servicio durante las clases.
2. .... utilizar el teléfono móvil en las clases.
3. .... comer o beber en escaleras, pasillos, aulas y biblioteca.
4. .... respetar las normas de educación:
   - ... gritar.
   - ... pedir las cosas por favor.
   - ... jugar en los pasillos con balones u otros objetos.
   - ... jugar a las cartas.
   - ... escupir, etc.
5. ... fumar en el instituto.

La jefe de estudios

● No se puede salir al servicio.
○ Sí, salir al servicio sí se puede.

¿Es igual en tu instituto? ¿Qué cosas se pueden hacer en él y qué cosas no? ¿Y en tu país?

● En mi instituto **se puede** salir a la calle en el recreo y **no se puede** fumar.

● En mi país **se puede** salir del instituto en el recreo.

Escribe las normas de tu instituto "ideal".

¿Qué quieres?

21. ¿Sabes cómo se llaman estos productos?

PRODUCTOS

Un bocadillo + **de** + chorizo, tortilla...
Una bolsa + **de** + patatas fritas, pipas...
Un paquete + **de** + galletas / chicles...
Una botella + **de** + agua mineral
Una / un lata / bote **de** zumo...
Un sándwich + vegetal, mixto...

1

7

2

6

3

5

4

22. Escucha lo que piden estos chicos en la cafetería y anótalo.

	Bocadillos			Bebidas			Chucherías		
	Chorizo 1,05 €	Queso 1,05 €	Tortilla 0,90 €	Agua mineral 0,60 €	Naranja 1 €	Batido 0,75 €	Chicles 0,40 €	Chupa-chups 0,25 €	Patatas fritas 0,60 €
1. María		✓							
2. José									
3. Álvaro									
4. Mónica									

 23. ¿Qué crees que piden estos personajes? Completa los diálogos.

1

● ¿Qué quieres?

○ Quiero ....

COMPRAR EN LA CAFETERÍA

LLAMAR LA ATENCIÓN
- ● ¡Oiga! ¡Oye! Perdone / Perdona.
- ● Por favor.

PARA PREGUNTAR POR EL PRECIO DE ALGO
- ● ¿Cuánto vale/n + producto?

PARA PEDIR UN PRODUCTO
- ● ¿Me da/s + producto + por favor?
- ● ¿Me pone/s + producto?
- ● (Querer) + producto.

PARA PAGAR
- ● ¿Cuánto es?

2

● ¿Qué os pongo?

○ ....

3

● ....

○ Sí, claro.

4

● ....

○ Buenos días. ¿Qué le pongo?

● ....

QUERER

(yo)	quiero
(tú)	quieres
(él, ella, usted)	quiere
(nosotros /-as)	queremos
(vosotros /-as)	queréis
(ellos, ellas, ustedes)	quieren

En presente, el verbo *querer* es irregular: cambia la **-e-** por **-ie-** (menos en la 1.ª y 2.ª personas del plural).

Este cambio se produce también en los verbos *empezar, pensar*...

Gra. IV. 4.1

 Escuchad y comprobadlo.

24. Piensa en cuatro productos de los que se pueden encontrar en la cafetería del IES. Cada uno tiene que adivinar los que tienen los demás.

- ¿Tienes bocadillos de jamón?
- ○ Sí.
- ¿Tienes refrescos?
- ○ No. Y tú, ¿tienes batidos de chocolate?

PREGUNTAR POR LA EXISTENCIA DE ALGO

¿Tiene/s + objeto?

¿Tienes un boli / el libro de mates...?

¿Tiene bocadillos de mortadela....?

25. Escucha y anota cuánto tiene que pagar cada estudiante.

1. ....
2. ....
3. ....
4. ....

¿De quién se trata? Escribe los nombres. Consulta el ejercicio 22.

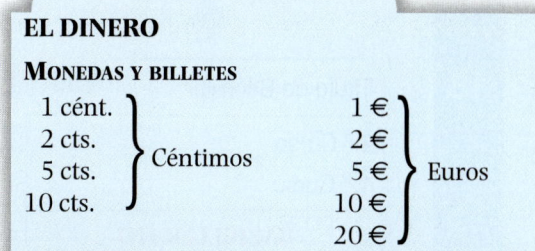

EL DINERO

MONEDAS Y BILLETES

1 cént.		1 €	
2 cts.	Céntimos	2 €	
5 cts.		5 €	Euros
10 cts.		10 €	
		20 €	

CANTIDADES

0,84 se dice: 84 céntimos.

1,84 se dice: un euro o uno con ochenta y cuatro.

2,04 se dice: dos euros o dos con cuatro.

Son treinta y seis céntimos.
Es un euro con catorce.

Li. 3.5

26. Tenéis 4 euros. Decidid lo que vais a tomar en la cafetería, qué cosas os apetece comer y beber.

....
....
....
....
....
....
....
....
....
....
....

¿Qué habéis comprado? ¿Cuánto os habéis gastado? ¿Cuánto os ha quedado?

BOCADILLOS:
Bocadillo de salchichón 1,50 €
Bocadillo de chorizo 1,50 €
Bocadillo de jamón 2 €
Bocadillo de queso 1,50 €
Bocadillo de tortilla 1 €

SÁNDWICHES:
Vegetal 1 €
Mixto 1 €

BEBIDAS:
Botella de agua 0,60 €
Refrescos 0,90 €
Batidos (de chocolate, fresa, vainilla) 0,75 €

CHUCHERÍAS
Chicles (fresa, menta) 0,60 €
Patatas fritas 0,70 €
Gusanitos 0,60 €
Chupa-chups 0,40 €

BOLLERÍA
Cruasán 0,70 €
Donuts 0,60 €

El sistema educativo español

Fíjate en este esquema. En él se recoge lo que tienes que hacer para acabar el instituto y lo que puedes estudiar después.

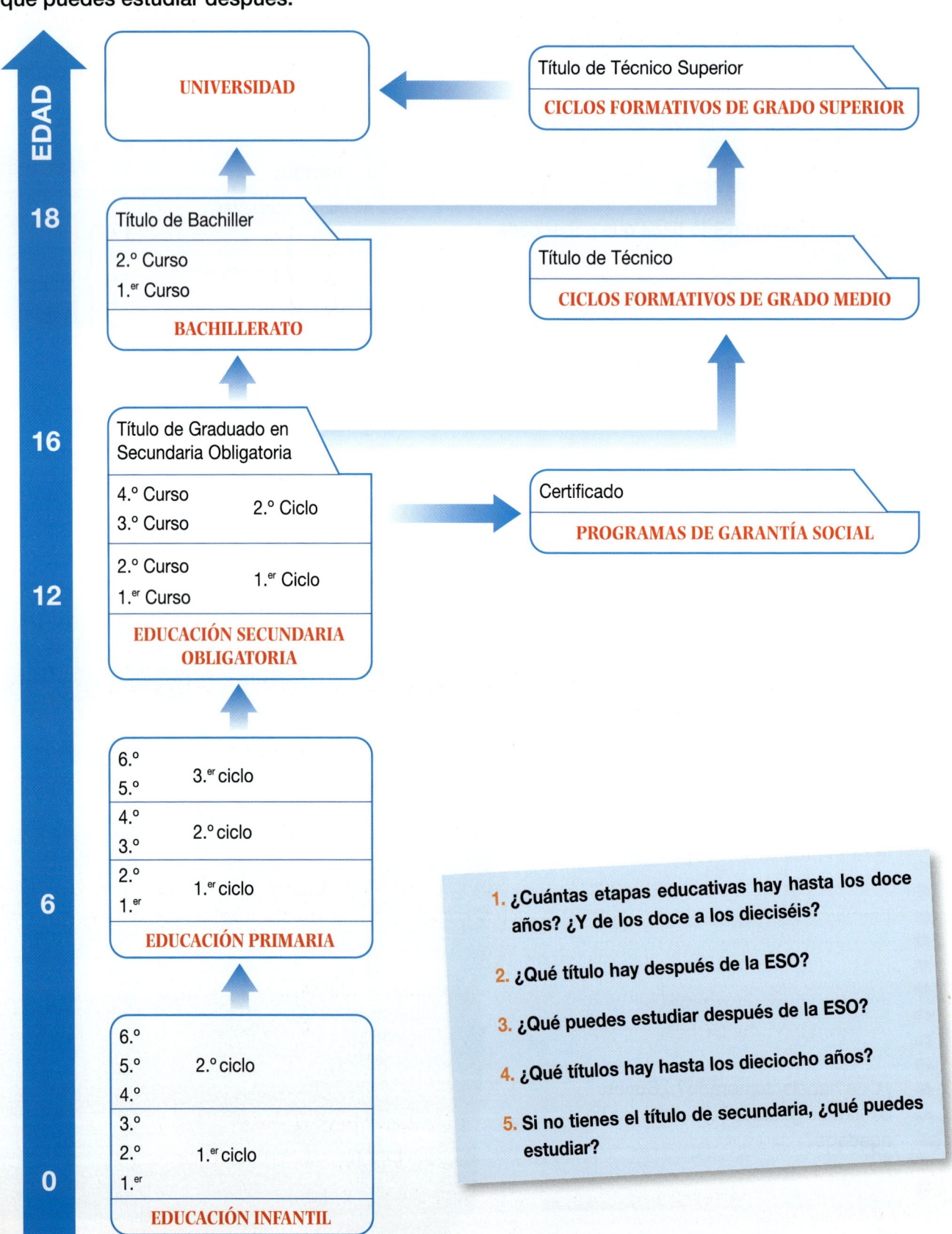

1. ¿Cuántas etapas educativas hay hasta los doce años? ¿Y de los doce a los dieciséis?

2. ¿Qué título hay después de la ESO?

3. ¿Qué puedes estudiar después de la ESO?

4. ¿Qué títulos hay hasta los dieciocho años?

5. Si no tienes el título de secundaria, ¿qué puedes estudiar?

PRONUNCIACIÓN

e / i

1. Escucha y repite.

mesa, silla, leer, comer, mujer, camisa, pilota, ventana, dedo, libro, bocadillo, oreja, televisión, vives, botella, peso, piso, pelota, pisa, reloj, ejercicio, hijo, tiza

2. En español hay muchas palabras que cambian de significado si cambia la vocal. Busca en el diccionario el significado de estas palabras: ¿Significan lo mismo?

- lila: ....
- lela: ....

tela: ....

tila: ....

3. Señala la palabra que oigas.

lila / lela	tela / tila	pila / pela	rima / rema
meto / mito	rezar / rizar	ficha / fecha	legar / ligar
pena / pino	pisado / pesado	mesa / misa	tea / tía
pelo / pila	circo / cerco	bella / villa	pecador / picador
besa / visa	dije / deje	vino / vena	pera / pira

4. Escucha y escribe las palabras que oigas.

1. .... 2. .... 3. .... 4. .... 5. ....

6. .... 7. .... 8. .... 9. .... 10. ....

o / u

5. Escucha y repite estas palabras.

hoja, estudiar, hombre, libro, sobre, instituto, puerta, sello, documento, dibujo, reloj, amarillo, usar, sol, azul, señor, euro, oro, chocolate, cuaderno, escucha, ocho

6. Busca en el diccionario el significado de estas palabras. ¿Significan lo mismo?

churro: ....

uso: ....

chorro: ....

oso: ....

7. Señala las palabras que oigas.

luna / lona	curo / coro	puro / poro	sociedad / suciedad	rusa / rosa	osado / usado	turnar / tornar
losa / luso	rota / ruta	bola / bula	bucal / vocal	poso / puso	mudo / modo	romano / rumano

8. Escucha y escribe estas otras palabras.

1. .... 2. .... 3. .... 4. .... 5. ....

6. .... 7. .... 8. .... 9. .... 10. ....

Trabalenguas

¿Te lo aprendes?

Pronunciación pág. 140

Para Lola una lila di a Adela,

mas tomola Dalila.

y yo dije: ¡Hola, Adela!

dile a Dalila que le dé la lila a Lola.

ACTIVIDAD GLOBAL

Vamos a hacer un folleto de presentación del instituto para los nuevos compañeros.
Podéis utilizar fotografías, dibujos, vídeo...

En él tendrán que figurar:

- Lugares del instituto (puedes hacer un recorrido).
- Los adultos que trabajan en el instituto y su ocupación.
- El calendario escolar.
- Las normas.

Necesitáis:

- Una cámara fotográfica.
- Folios o cartulina A3.
- Tijeras, pegamento...
- Lápices de colores, rotuladores...

3 Mis amigos

EN ESTA UNIDAD VAS A APRENDER A

- Preguntar e informar sobre la identidad de alguien.
- Describir el físico y el carácter de alguien.
- Dar información sobre la familia.
- Hablar de la ocupación.
- Hablar de gustos e intereses.
- Expresar acuerdo y desacuerdo respecto a gustos y preferencias.
- Expresar gustos y preferencias.

ADEMÁS, VAS A PREPARAR UNA PRESENTACIÓN PERSONAL DE TI MISMO PARA UN CHAT DE JÓVENES

Glosario Ilustrado págs. 150-151

Es alto y moreno

1. Fíjate en estas personas.

joven, delgada

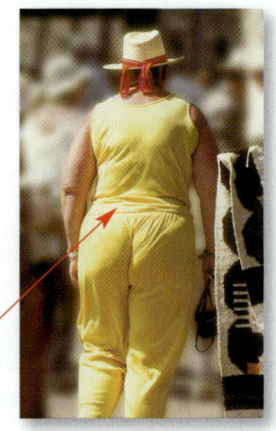

está gordita

mayor, lleva barba

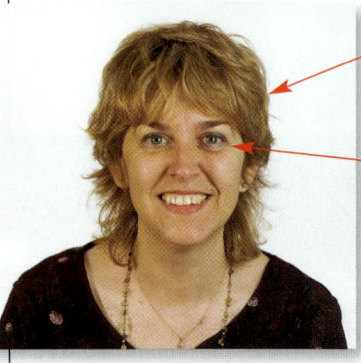

pelo rubio

ojos azules

lleva gafas

morena, pelo largo liso

pelo rizado

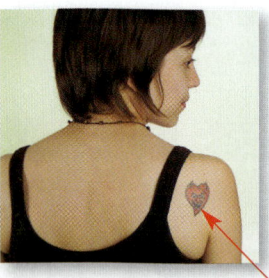

es un poco baja

lleva un tatuaje

pelo corto liso

lleva un piercing

es alto

está calvo

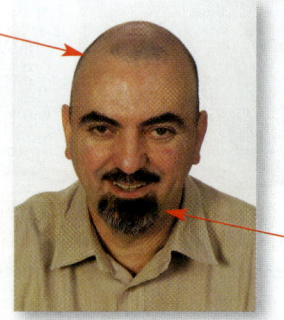

lleva perilla

2. Lee este diálogo en un chat de amigos.

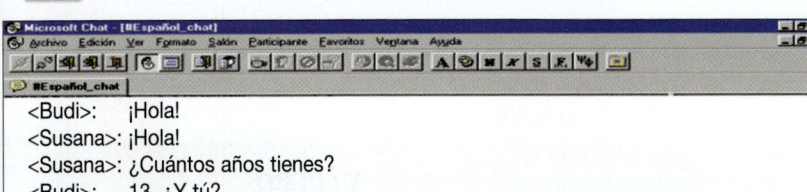

```
Microsoft Chat - [IEespañol_chat]
Archivo  Edición  Ver  Formato  Salón  Participante  Favoritos  Ventana  Ayuda

IEespañol_chat

<Budi>:     ¡Hola!
<Susana>: ¡Hola!
<Susana>: ¿Cuántos años tienes?
<Budi>:     13. ¿Y tú?
<Susana>: 13 pero aparento 16. ¿Y tú cómo eres?
<Budi>:     Soy alto, moreno, con el pelo rizado y tengo los ojos azules.
<Susana>: ¡Humm!
<Budi>:     Llevo un piercing en una ceja y como soy alto juego al baloncesto. ¡Ah!
            Tengo un pequeño bigote.
<Susana>: ¿Con 13 años?
<Budi>:     Sí, es que parezco mayor. Bueno, ¿y tú cómo eres?
<Susana>: Yo también soy alta pero no juego al baloncesto. Soy rubia, con el pelo liso
            y largo. También llevo un piercing, pero no en la ceja, en la nariz. Soy delga-
            da y tengo los ojos de color verde claro.
<Budi>:     ¡Qué guapa!
<Susana>: Ah, se me olvidaba, ¿sales con alguien?
```

 a) Subraya las palabras que se utilizan para describir físicamente a los personajes.

 b) Estos son "Budi" y "Susana". Anota en qué no coincide la descripción del chat.

....
....

Miguel Garmendia Herraiz

....
....

Mercedes Paniagua Olmedilla

 3. En el Museo del Prado han robado el famoso cuadro *Las Meninas.* El vigilante ha visto al ladrón. Escucha la descripción que da y señala de cuál de estos personajes habla.

DESCRIBIR EL ASPECTO FÍSICO

CARACTERÍSTICAS PERMANENTES

Ser + alto/a, rubio/a, moreno/a, pelirrojo/a, guapo/a, calvo, ...

Tener + los ojos + azules, marrones...
la boca / la nariz + grande...
el pelo + rizado, liso...

CARACTERÍSTICAS TEMPORALES

Llevar + gafas, lentillas...
el pelo largo, corto, teñido...
bigote, barba, perilla, piercing, tatuaje...

Estar + morena, gordo...

María tiene el pelo rizado.   María lleva trenzas.

UN POCO

Para suavizar los efectos de un adjetivo negativo usamos **un poco**:

Es **un poco** bajo.
Es un caballo **un poco** lento.

También podemos añadir la terminación **-ito/-ita**.

Está gord**ito**. / Es baj**ita**.

4. Fíjate en el texto del ejercicio 2, hay dos palabras destacadas: **y, pero.** Escribe las palabras que las acompañan.

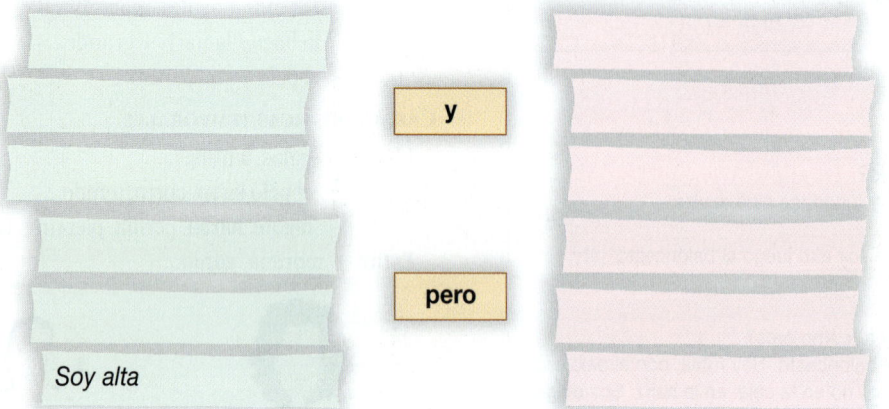

y

pero

Soy alta

5. Relaciona lógicamente las afirmaciones de las dos columnas.

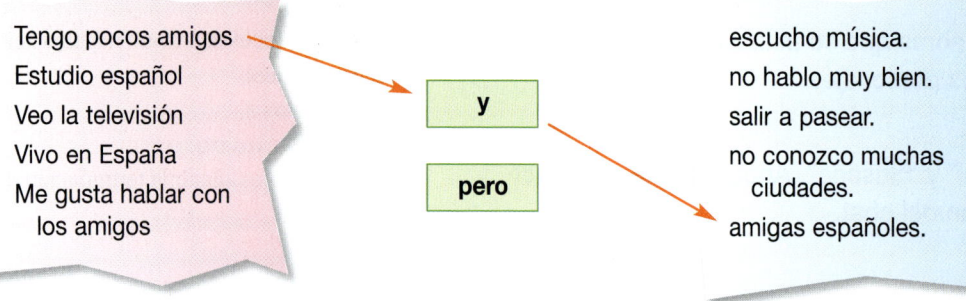

Tengo pocos amigos
Estudio español
Veo la televisión
Vivo en España
Me gusta hablar con los amigos

y

pero

escucho música.
no hablo muy bien.
salir a pasear.
no conozco muchas ciudades.
amigas españoles.

6. Fíjate en estas personas. Solo tres pertenecen al mismo grupo. ¿Por qué?

Yo no soy del grupo.

Pues yo tampoco.

No me quieren.

Yo sí soy del grupo.

Yo también soy del grupo.

Yo no soy del grupo.

A mí tampoco me quieren.

A mí sí.

Pues a mí no.

A mí tampoco.

Es una chica muy simpática

7. Averigua el significado de estas palabras y relaciónalas con las imágenes.

a) estudioso/a
b) vago/a
c) cabezota
d) ordenado/a
e) antipático/a
f) gracioso/a
g) presumido/a
h) tímido/a

1 ☐ 2 ☐ 3 ☐ 4 ☐ 5 ☐ 6 ☐ 7 ☐ 8 ☐

> Si un adjetivo tiene dos formas (una para el masculino y otra para el femenino), en el diccionario aparece la del masculino.

8. Esther y Alicia son gemelas pero tienen distinto carácter. Completa el cuadro con las siguientes cualidades.

> desordenada, mentirosa, simpática, divertida, cerrada, vaga, responsable, antipática

Esther	Alicia
ordenada	desordenada
....	estudiosa
sincera	....
....	simpática
irresponsable	....
....	abierta
aburrida	....

> **DESCRIBIR EL CARÁCTER**
>
> **ser** + (bastante / muy) simpático/a, listo/a, gracioso/a, inteligente...
>
> **Bueno, malo** + sustantivo singular masculino tienen una forma reducida: **buen** y **mal**.
>
> Es un libro **bueno**. / Es un **buen** libro.
> Tiene un carácter **malo**. / Tiene un **mal** carácter.

a) Todo el mundo dice que Esther se parece más a sus padres que Alicia. ¿Cómo crees que son sus padres?

....
....
....
....
....

b) Alicia ha conocido a dos chicos pero no sabe cuál le gusta más. Escucha cómo se los describe a su hermana, ¿cuál crees que es el mejor novio para Alicia?

Fernando

Jaime

EL VERBO SER

Lo usamos para:

● Expresar las características de algo o alguien:
Julián **es** alto y rubio.

● Identificar el objeto al que nos referimos:
Es el gato de Hind.

EL ADJETIVO (II)

RECUERDA:

El femenino se forma:
- Si el adjetivo acaba en **-o** cambiándola por una **-a**:
  alt**o**/alt**a**; buen**o**/**a**
- Si acaba en **-or** o en vocal tónica + *n*, añadiendo una **-a**:
  Es profes**or**. / Es profeso**ra**.
  Es un dormil**ón**. / Es una dormilo**na**.

El plural se forma añadiendo **-s** a los acabados en vocal y **-es** a los acabados en consonante.
Tengo una camisa azu**l** y unos pantalones también azul**es**.

Cuando se habla de sustantivos masculinos y femeninos a la vez, la forma del adjetivo es el masculino plural:
Fernando y Alicia son moren**os**.

Los adjetivos concuerdan en género y número con el nombre al que califican.
Es una chic**a** simpátic**a**.
Son unos chic**os** simpátic**os**.

Algunos como *inteligente, amable, formal...* son iguales para masculino y femenino.
● Ana es muy **inteligente**.
○ Su hermano Andrés sí que es **inteligente**.

9. Piensa en un compañero de la clase. Tus compañeros te harán preguntas para saber de quién se trata. Tienen tres oportunidades: si aciertan les toca a ellos, si no sigues tú.

Éste es el amigo de Luis

10. Estas personas buscan a sus perros. Escucha y lee estas conversaciones.

● ¿Cómo es su perro?
○ Mi perro es listo, delgado, alto, fuerte...
● ¿Es éste?
○ No, no, el mío tiene poco pelo.
● ¿Éste?
○ Sí. ¡Harry!

● Mi perrita es alta, de orejas largas, elegante... Vamos, como yo.
○ Su perrita es Lulú, ¿verdad?
● Sí, es la mía.

● Nuestro perro es... como nosotros. Tiene mucho pelo, lleva trenzas y siempre está tumbado.
○ ¿Es éste?
● ¡Ah! Sí. Es el nuestro. Vamos, Bob.

● Mi perrita es pequeña, graciosa y alegre.
○ ¿Es ésta la suya?
● ¡Lola!

a) Relaciona cada collar con su perro.

b) Fíjate. Aparecen nuevas expresiones para identificar a alguien y hablar de la propiedad *(mi, el mío...)* Subráyalas.

 11. ¿Cómo son tu padre, tu madre, tus hermanos, tus abuelos...? Sigue la cadena.

● Mi madre es muy gruñona.
○ La mía también.
▲ Pues la mía no.
△ ....

 12. Salid de clase durante cinco minutos. Vuestro profesor os "ha requisado" algunas cosas para tirarlas. Os irá preguntando antes de hacerlo. Identifica tus pertenencias.

● ¿Esto lo tiro?
○ No, es mi abrigo.
● ¿Y éste?
○ Es mío.
● ¿Estas gafas?
○ Son de Susana.

POSESIVOS

Sirven para identificar algo con respecto a un conjunto.

ANTES DEL SUSTANTIVO

	Singular	Plural
(yo)	mi	mis
(tú)	tu	tus
(él, ella, usted)	su	sus
(nosotros /-as)	nuestro/a	nuestros/as
(vosotros /-as)	vuestro/a	vuestros/as
(ellos, ellas, ustedes)	su	sus

Los posesivos concuerdan con aquello de lo que se habla.

Ésta es **mi** amig**a** Lucía y estos son **mis** prim**os**.

Nuestro y *vuestro* concuerdan en género y número.
Su = de él, de ella, de ellos, de ellas, de usted, de ustedes.

DESPUÉS DEL SUSTANTIVO

	Singular	Plural
(yo)	mío/a	míos/as
(tú)	tuyo/a	tuyos/as
(él, ella, usted)	suyo/a	suyos/as
(nosotros /-as)	nuestro/a	nuestros/as
(vosotros /-as)	vuestro/a	vuestros/as
(ellos, ellas, ustedes)	suyo/a	suyos/as

Tengo muchos discos **suyos**.

Sí está claro de lo que hablamos no repetimos el sustantivo, se usa el artículo con los posesivos: el mío, la mía, los míos, las mías...

● Este es mi libro, no **el tuyo** (tu libro).

Los posesivos con el verbo *ser* se usan para indicar pertenencia.

● ¿De quién es este abrigo?
○ Es **mío**.

Los posesivos no suelen usarse para hablar de las partes del cuerpo:

Me duele **la** cabeza. / ~~Me duele mi cabeza.~~

DEMOSTRATIVOS

Para señalar o identificar algo en el espacio con respecto a la persona que habla.

Este libro (**aquí**, junto a la persona que habla).

Ese libro (**ahí**, próximo a la persona que habla y en el espacio de la persona con la que se habla).

Aquel libro (**allí**, alejado de quien habla y quien escucha).

	Singular		
Masculino	Est**e** chico	Es**e** chico	Aqu**el** chico
Femenino	Est**a** chica	Es**a** chica	Aqu**ella** chica

	Plural		
Masculino	Est**os** chicos	Es**os** chicos	Aqu**ellos** chicos
Femenino	Est**as** chicas	Es**as** chicas	Aqu**ellas** chicas

Concuerdan en género y número con el sustantivo al que se refieren.

Se usan para señalar algo en el espacio o en el tiempo:

Esa chica se llama Noelia.

Esta semana tengo un examen.

Cuando está claro de lo que hablamos no se repiten los sustantivos. En esos casos marcamos con acentos los demostrativos.

● Tengo este juego y éste y éste también.

13. **Escucha y lee esta conversación.**

● Mira, ésta es la casa Batlló y ahí está La Pedrera.

○ ¿Cuál?

● Ésa de ahí, la de las chimeneas.

○ Ah sí, ¡qué bonita!, ¿no?

● Sí, es muy bonita. Y allí está el Tibidabo.

○ ¿Dónde?

● Allí. Mira, a lo lejos.

14. Completa estas conversaciones empleando el demostrativo adecuado.

● Ya está, me llevo (1) .... (está aquí) libro, (2) .... (está aquí) revista y (3) .... (están aquí) cómics.
○ ¿Está seguro?
● Sí, sí. ¿O no? No sé. (4) .... (está ahí) libro de ahí parece interesante.
○ Sí, es la guía telefónica.

● Mira. ¿Te gusta (5) .... (está aquí) camisa?
○ Sí, con (6) .... (están ahí) pantalones te tiene que quedar muy bien.

● ¿Conoces a (7) .... (están ahí) chicas?
○ No. No sé quiénes son.

● ¿No es Juan (8) .... (está allí) chico?
○ Ah, pues sí.

● Mira, mamá, (9) .... (está allí) señora es la profe de matemáticas.
○ ¿Quién? ¿La del pelo largo?
● Sí.

15. Dos hermanos compran recuerdos en un mercadillo. Decid los objetos a los que se refiere cada conversación.

• Me gustan más éstos que ésos.
• Aquélla es pequeña.
• Éste para Luis y ése para mamá.
• Ésas y éstas son iguales.

16. ¿Qué te pides de este escaparate? Tiene que ser una cosa de cada grupo. Cuéntaselo a tus compañeros.

LOS SERRANO

17. En parejas, leed estas informaciones y hablad para averiguar la identidad de cada uno de los personajes que aparecen en este cuadro.

- Los del espejo son el rey y su mujer.
- Las de los trajes oscuros son las meninas: Isabel Velasco y Agustina Sarmiento.
- Mariana de Austria es la mujer del rey.
- Isabel Velasco es la de la izquierda.
- La de negro es María Bárbola y el de rojo, Nicolás Pertusato.
- En el cuadro hay cuatro hombres, el de la puerta se llama José Nieto.
- Detrás de una de las meninas está Marcela de Ulloa.
- El del bigote es Velázquez.
- El del espejo se llama Felipe IV.
- Uno de los hombres no se sabe quién es.
- La rubia es la infanta Margarita.

PARA SABER MÁS

Velázquez realizó esta pintura, *Las Meninas,* en 1656. "Menina" es una palabra portuguesa que se refiere a la persona que acompaña a los hijos de los reyes en el siglo XVII.   Li. 5

Para identificar por el lugar que se ocupa, la forma, algún rasgo físico, lo que lleva puesto, etc., se utiliza el/la/los/las.

● ¿Quién es **el** alto / **el del** pelo rizado...?

Estos son mis compañeros, el ~~compañero~~ de la izquierda se llama Fernando, la ~~compañera~~ rubia es Amparo....

18. Escribe frases describiendo a cinco de tus compañeros o profesores sin mencionar su nombre.

Solo puedes hablar de ellos refiriéndote a algún rasgo físico, al lugar que ocupan...

Es el alto, el de la izquierda de la puerta.

Ponedlo en común. ¿Sabéis a quién describen los demás?

19. Escucha esta información sobre la familia real e intenta seguir las explicaciones en el árbol genealógico.

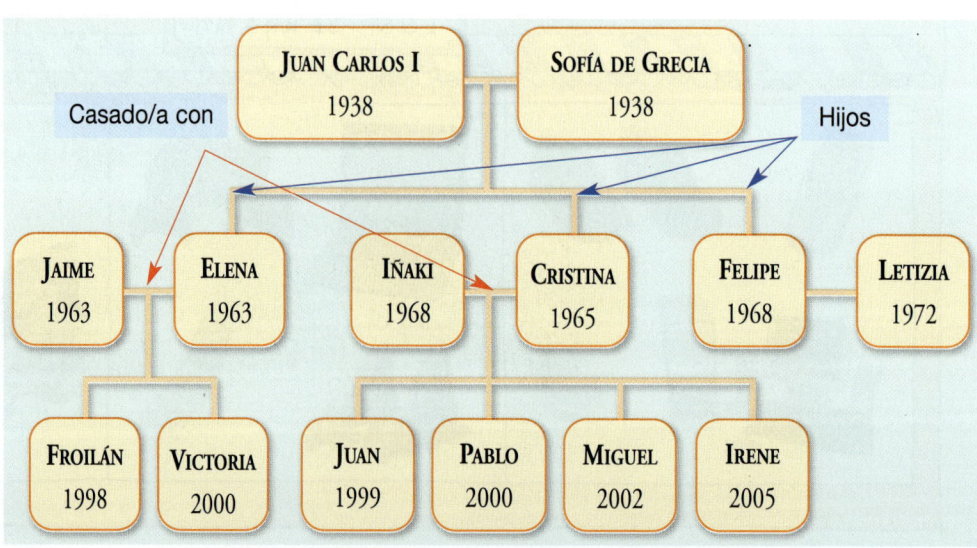

20. **Fíjate en esta familia, escribe los nombres de los personajes que falten y completa las frases.**

1. El padre de Carlos se llama Ismael.
2. La madre de Sofía se llama Dominique.
3. Pablo es el hijo de Gustav.
4. La tía de Pablo se llama Antonieta.
5. Antonio es el abuelo de Sofía y padre de Gustav e Ismael.
6. Antonieta es la .... de Dominique.
7. Gustav e Ismael son ....
8. Gustav es el .... de Carlos.
9. Carlos es primo de ....
   y .... y nieto de Antonio.
10. Sofía y Pablo son ....
    de Antonio.
11. Sara es la .... de Carlos y la .... de Sofía.

LA FAMILIA

Padre
Madre
Hermano/a
Tío/a
Sobrino/a
Primo/a
Abuelo/a
Nieto/a

Padre + madre = padres
Hermano + hermana = hermanos
Tío + tía = tíos
....

Sara — Gustav — Antonio — madre — Carlos — Sofía — tía — padre — hermano

21. **Habla con tu compañero para saber el nombre y la relación entre estos personajes.**

Alumno A

Padre de Luisa ....
Abuelo de Luisa y David ....
Petra ....
Griselda ....
Madre de Luisa ....
Erick ....
Novia de Luis Miguel ....
Hermana de David ....
Joel ....
Fernando ....
Nieta de Juan ....
Hermano de Luis ....
David ....

● ¿Cómo se llama el señor gordo, calvo y mayor?

○ Juan. ¿Quién es?

● El abuelo de Luisa y David.

Alumno B

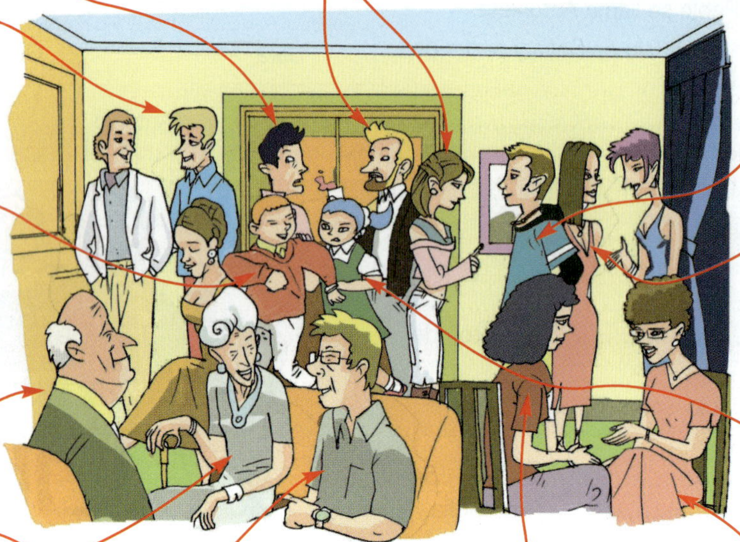

Luis Miguel ....

Amigo de Luis ....

Luisa ....

Amigo de Luis Miguel ....

Hermano de Luisa ....

Juan ....

Madre de Ana ....

Luis ....

Amiga de Rebeca ....

Primo de Luisa ....

Ana ....

Verónica ....

Rebeca ....

¿QUIÉN? ¿QUIÉNES?

Para preguntar por la identidad de personas.

- **¿Quién** es ese / la rubia...?
- **¿Quiénes** son esos chicos / los de blanco...?

22. Fíjate en estas imágenes. Relaciona cada profesión con su foto correspondiente.

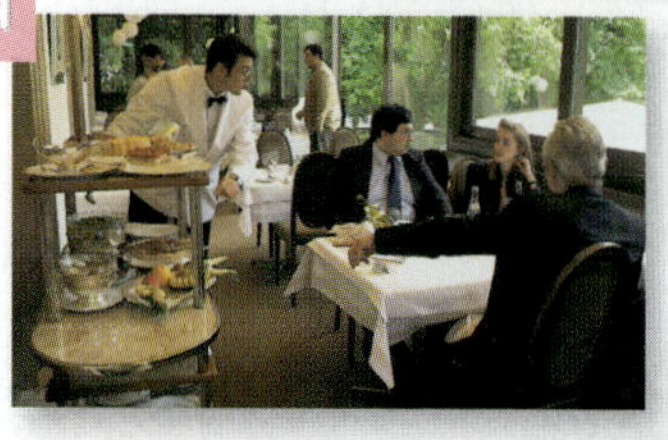

electricista / doctor / enfermera / camarero / albañil / secretaria / mecánico

a

b

c

d

e

f

g

PARA HABLAR DE LA OCUPACIÓN

- ¿A qué te dedicas / A qué se dedica?
- ¿En qué trabajas / trabaja...?
- Es... + fontanero / albañil...
- Estudio / Estudia + medicina...
- Trabajo / Trabaja + en una oficina
  en un taller...

Gra. II. 1.3.4.5

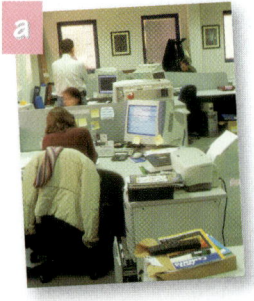

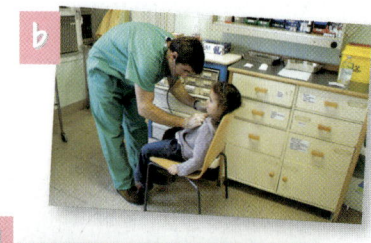

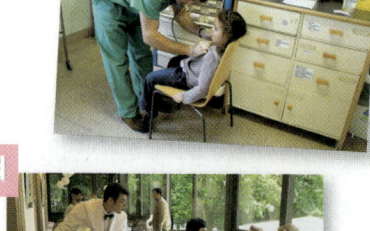

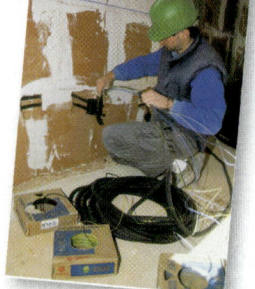

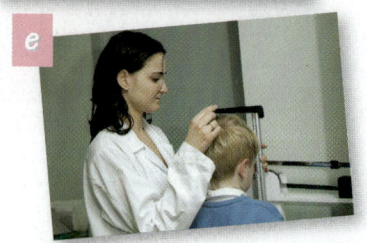

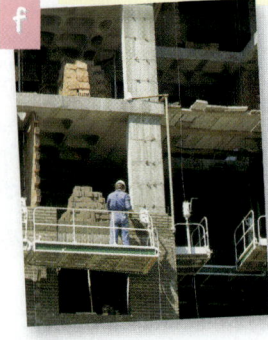

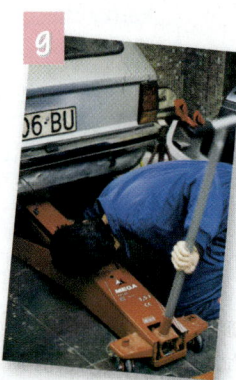

23. Escucha estas conversaciones y señala las profesiones de las que se habla.

- ☐ secretario
- ☐ veterinario
- ☐ albañil
- ☐ dependiente
- ☐ taxista
- ☐ electricista
- ☐ profesor
- ☐ pintora
- ☐ médico
- ☐ abogada
- ☐ camarero
- ☐ cerrajero

24. Fernando, Pilar y Nuria buscan pareja. ¿Qué profesiones pueden tener sus parejas?

Fernando busca una chica con una profesión parecida a la suya.

> Profesión de Fernando: periodista.
> Profesión de ella:
> ....
> ....
> ....

Pilar busca a un chico con una profesión distinta a la suya.

> Profesión de Pilar: mecánica.
> Profesión de él:
> ....
> ....
> ....

Nuria busca a alguien con quien ir al cine. No le importa la profesión.

> Profesión de Nuria: cocinera.
> ....
> ....
> ....
> ....

25. Cada uno piensa en una profesión que le gustaría tener. Tienes que buscar entre tus compañeros a alguien que te solucione cada uno de estos problemas.

- • Tienes el coche estropeado.
- • Quieres construir una casa.
- • No funciona la lámpara de tu habitación.
- • Toses mucho.
- • No entiendes las matemáticas.

26. Enseña una foto de tu familia o de tus amigos y hablad sobre sus identidades, ocupaciones...

Me gusta mucho estar con los amigos

27. Escucha lo que le dice Lorena a su madre Mari Luz sobre sus gustos y numera estos enunciados.

- ...1... No me gustan los pendientes pequeños.
- .... Necesito unas gafas de sol.
- .... Me gusta mandar mensajes por el móvil.
- .... No me gusta la música rap.
- .... No me gustan las gafas pequeñas.
- .... Odio los relojes.
- .... Me gustan mucho los anillos.

Mari Luz quiere comprar algo a Lorena. Para que le guste, ¿qué puede ser?

28. Pregunta a un compañero por sus gustos personales acerca de las diferentes asignaturas.

● ¿Te gustan las matemáticas?

○ Sí, me gustan mucho.

	No, nada	No, no mucho	Sí, bastante	Sí, mucho	Sí, me encanta/n
Matemáticas				✓	
Geografía e historia					
Inglés					
Lengua					
Educación física					
C. Naturaleza					
Música					

HABLAR DE GUSTOS E INTERESES (II)

● ¿Te gusta/n...? ¿Le gusta/n...? ¿Os gusta/n....?
○ Sí, me encanta/n.
○ Sí, mucho.
○ Sí, bastante.
○ No, no mucho.
○ No, nada.

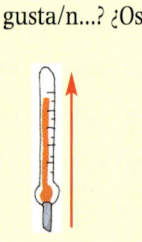

HABLAR DE GUSTOS E INTERESES (I)

Se utilizan los verbos *gustar, interesar, encantar, ...*
● Me gusta/n + infinitivo / sustantivo.

Me gusta bailar / el cine.

Funcionan de manera especial:
Hay algo que produce una emoción en alguien

El queso les **gusta** a los ratones.

(A mí)	me		
(A ti)	te	gusta	la música
(A él, a ella, a usted)	le		el inglés
(A nosotros /-as)	nos		
(A vosotros /-as)	os	gustan	los deportes
(A ellos, a ellas, a ustedes)	les		las ciencias

El verbo sólo va en plural si hay un sustantivo en plural.

Le encanta**n** las uva**s**.

Si hay varios infinitivos o un infinitivo y un sustantivo, el verbo va en singular.

Le **gusta** leer, esquiar y el baloncesto.

Informa a tus compañeros y anota lo que dicen. ¿Cuál es la asignatura que más os gusta a todos? ¿Y la que menos?

● A Jaime le gustan mucho las Matemáticas.

29. Las tres en raya. Busca a un compañero al que le gusten mucho tres de estas actividades. Tienen que estar en línea. Si encuentras a alguien, ganas. Informa a los demás.

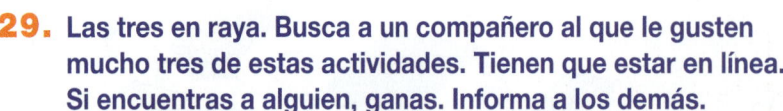

Leer	Pasear	Practicar deporte
Estudiar	Ver la TV	Ayudar en casa
Bailar	Escuchar música	Chatear

30. ¿Comparten los mismos gustos estos chicos?

	Acuerdo	Desacuerdo
1	✔	
2		
3		
4		
5		
6		

PARA CONTRASTAR OPINIONES

Se utilizan los pronombres tónicos con la preposición **a:**

Acuerdo			
☺	☺	☹	☹
Me gusta bailar	A mí **también**	No me gustan las matemáticas	A mí **tampoco**

Desacuerdo			
☺	☹	☹	☺
Me gusta la pasta	A mí **no**	No me gusta chatear	A mí **sí**

31. Sentaos en corro. Vamos a expresar lo que opinamos sobre los siguientes temas.

- Las matemáticas.
- La gimnasia.
- Los chicos / las chicas altos/as.
- Las películas: Cómicas / Policíacas / De acción / De guerra / Románticas.
- La política.
- El instituto.
- Los perros.

32. Escribe cinco frases en las que digas las cosas que te gustan y otras cinco en las que digas las cosas que no te gustan.

Lee estas afirmaciones sobre los jóvenes españoles. ¿Cómo crees que son?, ¿verdaderas o falsas? Marca tu opinión en la columna "Antes de leer".

Antes de leer			Después de leer	
V	F		V	F
☐	☐	A los jóvenes españoles les gusta la televisión, viajar y el deporte.	☐	☐
☐	☐	La mayoría de los jóvenes gasta su dinero en comprar discos.	☐	☐
☐	☐	Si los jóvenes tuvieran más dinero lo gastarían en viajes.	☐	☐

1. Ahora lee el texto siguiente. ¿Son verdaderas o falsas las afirmaciones anteriores? Marca la respuesta en la columna "Después de leer". Compara tus respuestas con las anteriores.

Jóvenes y ocio

Según el Informe de la Juventud de 2004, a más del 90% de los jóvenes españoles les gustan la música, los amigos, la televisión, viajar y el cine y no les gustan las conferencias, los videojuegos, los museos, el teatro y las competiciones deportivas.

Hay dos actividades, ver la televisión y escuchar música, que gustan a la mayoría de jóvenes.

En cuanto al gasto en actividades de ocio, encontramos que el mayor gasto se corresponde con salir (60%) seguido de ir al cine (13%), las compras de ropa, libros y música (7%) y un 20% en otras actividades. Pero si dispusieran de más dinero lo gastarían en viajar (40%), deportes (12%) y comprar ropa (7%), aunque hay muchos jóvenes que no saben qué contestar (30%).

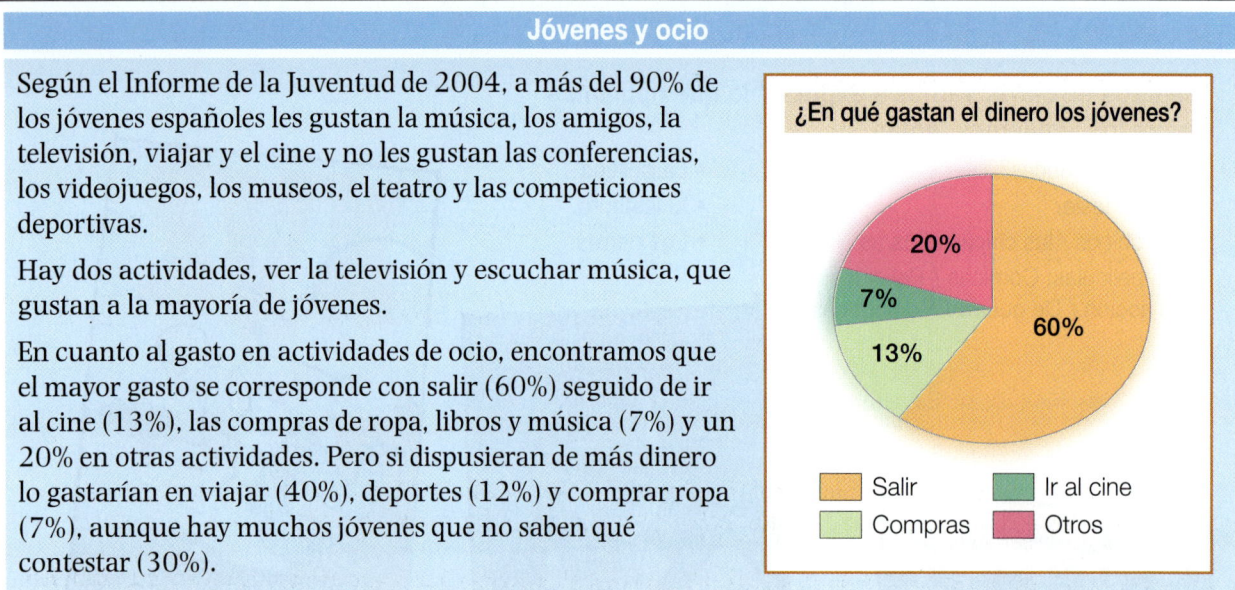

¿En qué gastan el dinero los jóvenes?

60%   20%   7%   13%

■ Salir   ■ Ir al cine
■ Compras   ■ Otros

2. ¿Os gustan a vosotros las mismas cosas que a los jóvenes españoles?

3. ¿En qué actividades de ocio gastáis vuestro dinero?

Fíjate:

Los gráficos sirven para representar datos sobre población, economía, climatología...

Un tipo de gráfico es el de sectores, que sirve para representar porcentajes.

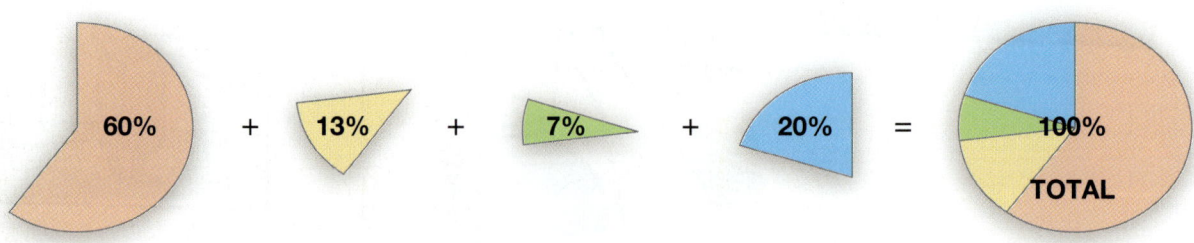

60% + 13% + 7% + 20% = 100% TOTAL

Para poderlos interpretar, todos los gráficos tienen una leyenda con colores o símbolos.

PRONUNCIACIÓN

1. Escucha y repite estas palabras.

cena, **ci**ne, **ci**nta, **ce**ni**ce**ro, **co**cer, **za**pato, **zo**rro, **zu**mo, la**zo**, ca**za**, lu**z**, die**z**, ve**z**, i**z**quierda, a**z**ul

Fíjate en que las letras **C, c + e, i** y **Z, z + a, e, i, o, u** representan el mismo sonido en español: [θ]

Para pronunciar este sonido tenemos que poner la lengua entre los dientes.

En Hispanoamérica y algunas zonas de España se pronuncia la /θ/ como /s/ y se dice *sapato* por *zapato*. Este fenómeno se llama "seseo". Sin embargo en la escritura hay que diferenciarlos porque, si cambiamos los sonidos, también pueden cambiar los significados: *pozo / poso*.

2. Escucha y escribe la consonante que falta.

prín…ipe, …ielo, poli…ía, a…úcar, cabe…a, fá…il, …ona, vo…, pa…, en…ender,

…ero, ofi…ina, arro…, …apatilla

3. Escucha y subraya las palabras que oigas.

cien / sien; cocido / cosido; casa / caza; serrar / cerrar; caso / cazo;

ceta / seta; maza / masa; coser / cocer; ciega / siega; haz / as

Trabalenguas

¿Puedes aprendértelo?

> Cerezas comí,
> cerezas cené,
> de tanto comer cerezas,
> me encerecé.

4. Escucha y lee estas palabras.

casa, **co**sa, **cu**rso, **que**so, **qui**zá, ro**ca**, chi**co**, cha**que**ta, iz**qui**erda, **cla**se, **clé**rigo, **cli**ma, **clo**ro, **clu**b, a**cla**rar, in**clu**so, **crá**neo, **cre**er, **cri**ar, **cró**nica, **cru**jir, in**cre**íble, es**cri**bir, **ki**lo

Observa que las letras **C, c + a, o, u, r, l; Qu, qu + e, i,** y **K, k + i** se pronuncian igual en español: **[k]**. Para pronunciar este sonido, se coloca la lengua en la parte posterior de la boca.

5. Escribe diez palabras que tengan c + a, o, u; qu + e, i y k.

6. Otro trabalenguas. Repítelo todo lo deprisa que puedas.

> Abrí cajones y cogí cordones,
> cordones cogí y cajones abrí.

Pronunciación pág. 140

ACTIVIDAD GLOBAL

Prepara una presentación de ti mismo para un chat. Tienes que decir cómo eres, cuáles son tus aficiones, hablar de tus amigos, tu instituto…

4 Mi barrio

EN ESTA UNIDAD VAS A APRENDER A

- Preguntar e informar sobre la existencia de servicios.
- Dar y pedir información sobre la ubicación de lugares y servicios públicos.
- Dar y pedir indicaciones para llegar a un lugar.
- Sugerir actividades, aceptarlas, rechazarlas o proponer alternativas.
- Dar y pedir información sobre horarios e itinerarios de medios de transporte.
- Pedir billetes, bonos…

Y TAMBIÉN VAMOS A PREPARAR UNA VISITA A UNA CIUDAD CERCANA

Glosario Ilustrado págs. 146 y 152

¿Hay una famarcia por aquí cerca?

1. Fíjate en estos lugares. Pregunta a tus compañeros o a tu profesor por el significado de las palabras que no conozcas.

todos los pueblos y ciudades hay tiendas y comercios. ¿En qué tienda se vende cada uno de estos productos?

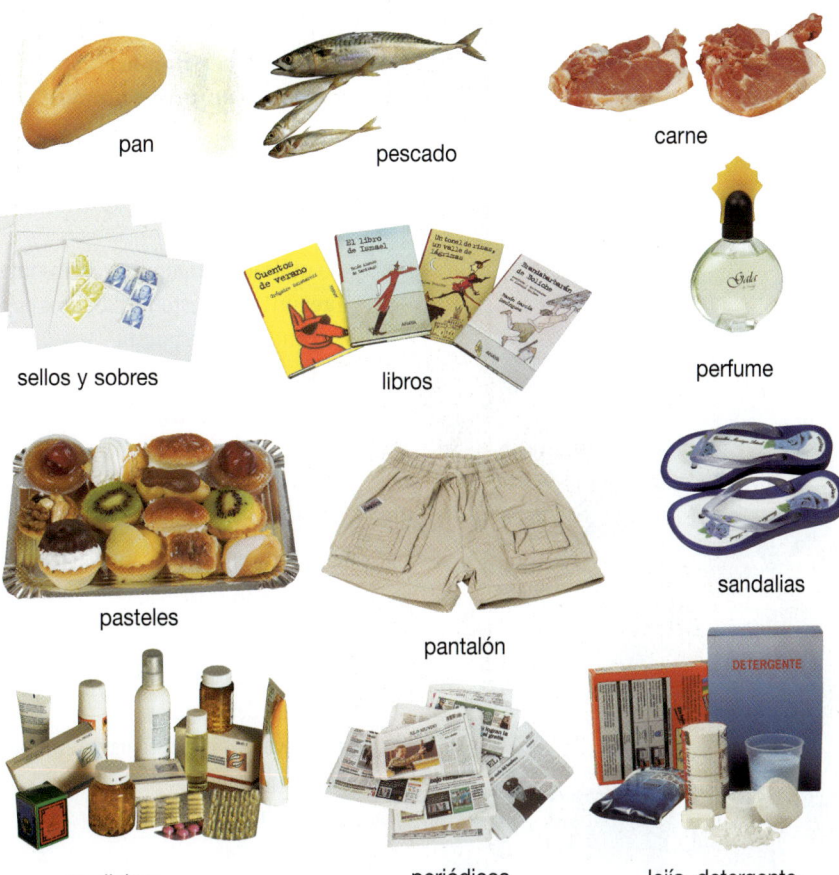

pan

pescado

carne

sellos y sobres

libros

perfume

pasteles

pantalón

sandalias

medicinas

periódicos

lejía, detergente

verduras

Zapatería: ....

Tienda de ropa: ....

Supermercado: ....

Estanco: ....

Pastelería: ....

Panadería: ....

Librería: ....

Kiosco: ....

Droguería: ....

Perfumería: ....

Farmacia: ....

Carnicería: ....

Pescadería: ....

3. Escucha y lee los siguientes diálogos y relaciónalos con las imágenes.

● Perdone, ¿sabe dónde está el Ayuntamiento? ☐
○ Sí, mire, al final de esta calle a la derecha.

● Perdone, ¿hay una farmacia por aquí cerca? ☐
○ No, en este barrio no.
● Gracias.

● ¿Hay una cabina de teléfonos por aquí? ☐
○ No, cerca de aquí no.

● Por favor, ¿dónde está la oficina de Correos? ☐
○ En la calle La Doctora.

4. Todos hablan a la vez y se mezclan preguntas y respuestas. Fíjate en el plano y escríbelas de manera ordenada.

● Perdone, ¿hay un banco por aquí?
● Por favor, ¿dónde está el Ayuntamiento?
● ¿Sabe dónde está la calle de Alameda?
● ¿Dónde hay una fotocopiadora?
● ¿Hay un hospital por aquí cerca?
○ Al final de la calle.
○ No, en este barrio no hay ninguno.
○ Hay una enfrente del cine.
○ Sí, es la primera a la izquierda.
○ Aquí mismo, en el número 12.

PREGUNTAR POR LA EXISTENCIA DE LUGARES Y SU LOCALIZACIÓN

SI NO SABEMOS SI EXISTE
● ¿Hay + un/una... + farmacia... + por aquí (cerca)?

SI CREEMOS QUE EXISTE PERO NO SABEMOS DÓNDE
● ¿Dónde hay un/una + farmacia...?
● ¿Dónde está el Ayuntamiento / la calle Hernani...?

PARA RESPONDER
○ Aquí mismo, allí / muy cerca / muy lejos...
○ Hay uno/una + al final de...
○ Está/n en la primera calle a la derecha...
○ ¿Ves ese /a ...... / la farmacia? Pues al lado.

Fíjate
Estar se combina con **el/la + nombre.**
Hay se combina con **Ø** o **un/una + nombre.**

Gra. VI

SABER

Lo utilizamos cuando hacemos una pregunta y no estamos seguros de que se conozca la respuesta.
● ¿Sabes dónde está Ernesto?

SABER

(yo)	s**é**
(tú)	sab**es**
(él, ella, usted)	sab**e**
(nosotros /-as)	sab**emos**
(vosotros /-as)	sab**éis**
(ellos, ellas, ustedes)	sab**en**

Saber es un verbo irregular en la 1.ª persona del singular.
Otros verbos con esta irregularidad son: *hacer, dar, salir...*
Hacer: ha**g**o, haces...
Dar: do**y**, das...
Salir: sal**g**o, sales...

Gra. IV. 4.2

5. Tenéis que diseñar un centro comercial. Hay que incluir seis tiendas: una farmacia, una droguería, una zapatería, un banco y cuatro tiendas diferentes más. Averigua cómo es el diseño de tu compañero.

● ¿Dónde está la zapatería?
○ A la izquierda del local 2.

NÚMEROS PARES E IMPARES

Pares: 2, 4, 6, 8... Son múltiplos de 2 (2x)
Impares: 1, 3, 5, 7... No son múltiplos de 2 (2x+1)

En las calles los números de las casas se distribuyen los pares a la derecha y los impares a la izquierda.

Paralelo/a
Perpendicular

Las líneas **A** y **B** son paralelas. **C** es **perpendicular** a **A** y **B**.

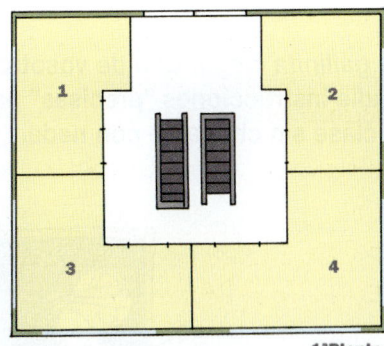

1ª Planta

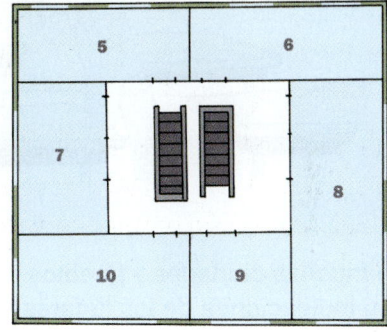

2ª Planta

¿Sabe dónde está la calle Libertad?

6. En parejas, consultad el plano del ejercicio 4 y seguid estas instrucciones.

Estás en BurgerQueen.
Sigue **Tr.** hasta la plaza.
Coge la 1.ª calle **Ai.** y otra vez
la primera **Ad.**
Sigues **Ht.** la esquina.
Enf. hay una iglesia y **Aldo.** un banco.
Siéntate y espera a un coche rojo.
Sigue la calle **Ht.** el n.º 1.
En el n.º 1 hay una droguería.
Dlt. de la droguería hay un kiosco.
En el kiosco pides *El Quijote*.
Dentro está la fotografía

CLAVES
Ad.: a la derecha.
Ai.: a la izquierda.
Tr.: todo recto.
Aldo.: al lado de.
Dlt.: delante de.
Ht.: hasta.
Enf.: enfrente de.
Ent.: entre.

HASTA
Indica el límite final (en el espacio o en el tiempo).
Ve **hasta** la farmacia.
Hasta mañana.

META

7. Preparad mensajes como éste para otros compañeros. Podéis utilizar un plano de vuestra localidad o el de la actividad 4.

8. *La gallinita ciega.* Uno de vosotros se tapa los ojos. Dadle instrucciones "precisas" para que se mueva por la clase sin chocarse con nada.

9. En muchas ciudades y pueblos de España hay carteles con indicaciones de los lugares más destacados del municipio. ¿Cuáles de estas indicaciones conoces?

¿Hay otras distintas en tu localidad? ¿Qué lugares son los más conocidos en tu pueblo o ciudad?

Para dar indicaciones sobre direcciones puedes utilizar el presente de los verbos *seguir, tomar, cruzar, girar...* Y también el imperativo.

IMPERATIVO

Tiene dos formas especiales: una para tú y otra para vosotros.

Tú = utiliza la 3.ª persona de singular del presente.

¡Corr**e**! Abr**e** el libro. Dibuj**a**.

Hay ocho excepciones:

poner	pon	decir	di
hacer	haz	salir	sal
ser	sé	ir	ve
tener	ten	venir	ven

Vosotros = cambia la **r** del infinitivo por **d**.
Abri~~r~~ = Abri**d**.
Lee~~r~~ = Lee**d**.

El imperativo se usa también para conceder permiso, dar órdenes...

Pasa, pasa. / **Callad** un momento.

Para indicar el orden en el que se encuentran los lugares o en el que debemos hacer las indicaciones, se utiliza:

Primero, después, luego...
Primero está el banco, **después** el supermercado y **luego** la farmacia.

`Gra. VII`

DAR INDICACIONES

PARA HABLAR DE UN LUGAR POR LA ZONA

○ Está por la plaza de toros / por el centro.
○ Está en el centro / en el barrio de...

NO SE ESTÁ SEGURO/A

○ Creo que + información.
○ Información + creo.
○ Creo que en la planta baja.
○ En la planta baja, creo.

PARA COMPROBAR

○ Entonces es + explicación.

PARA FACILITAR UNA RESPUESTA

● ¿Está cerca?
● ¿Puedo ir andando?

10. Escucha las indicaciones que se dan para localizar estos lugares. Relaciona cada cartel con su situación en el plano.

1 Biblioteca Municipal

2 [cruz verde]

3 Calle del doctor Gutiérrez

4 LA RÁPIDA

5 PISCINA

11. Habla con un compañero para localizar estos lugares.

Alumno A

Buscas una farmacia.
Buscas la calle Oviedo.
Buscas un supermercado.
Buscas un videoclub.

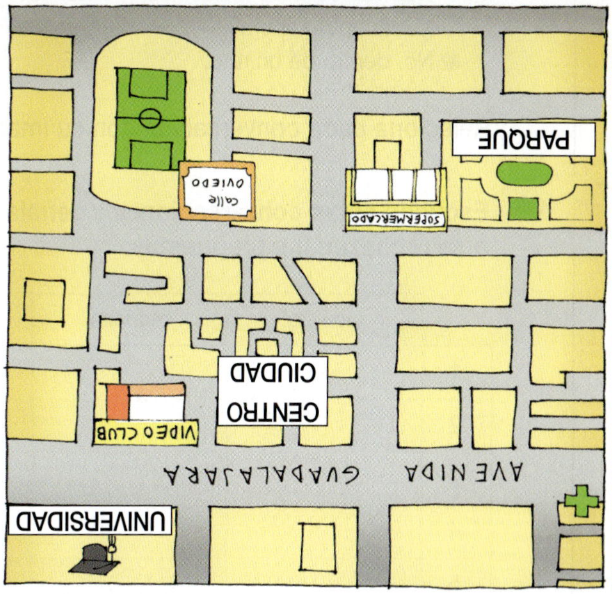

Alumno B

Buscas una panadería.
Buscas un kiosco de periódicos.
Buscas el centro de salud.
Buscas la calle Libertadores.

12. Con un compañero dibuja un pequeño croquis con los lugares más conocidos del barrio y de tu localidad.

13. Pregunta a tus compañeros dónde viven y localiza aproximadamente los lugares en el plano que has hecho.

14. **Escucha y lee.**

1. ● ¿Quedamos esta tarde?
   ○ Vale, ¿a qué hora?
   ● No sé, a las cinco o así.

2. ● ¿Dígame?
   ○ Hola, soy Ana, ¿está Marisa?
   ● Ah, hola, Ana, espera un momentito. Marisa, es Ana.
   ▲ Hola.
   ○ ¿Sales al parque?
   ▲ Ahora no puedo, es que estoy terminando los deberes.

3. ● ¿Echamos un partido?
   ○ No, yo prefiero dar una vuelta.

4. ● Nos vamos a los Multicines, ¿te vienes?
   ○ ¿Cuándo?, ¿ahora?
   ● No, dentro de un rato.

Relaciona cada conversación con su imagen.

15. **Escucha estas conversaciones y señala si se aceptan o se rechazan las propuestas.**

	acepta	rechaza	alternativa
1	✔		
2			
3			
4			
5			
6			

PROPONER CITAS O ACTIVIDADES

Se usan verbos como *quedar, salir, venir...*
   ¿Quedamos esta tarde? / ¿Sales al parque?...

ACEPTAR O RECHAZAR LA PROPUESTA
   ○ Vale.
   ○ De acuerdo.
   ○ No (no puedo) **es que** + explicación.

PROPONER ALTERNATIVAS
   ○ No, a las seis / al fútbol no..., mejor a las / al...
   ○ Yo prefiero + actividad.
   ○ ¿Por qué no + actividad / momento...?

HABLAR DEL LUGAR Y LA HORA
   ○ ¿Dónde? / ¿Dónde quedamos?
   ● **En** + el parque / mi casa / la puerta de...
   ○ ¿Cuándo?
   ● **A la / las** + hora.
   ● **Dentro de** + un cuarto de hora / un rato...

16. **Reconstruye estas conversaciones. ¿Qué actividades se proponen? ¿Qué excusas se dan y qué alternativas se presentan?**

● ¿Jugamos al fútbol?
● ¿Sales al parque?
● ¿Quedamos a las cinco?
● ¿Vamos a ver *La Guerra de las Galaxias?*

○ Ahora no puedo, es que no está mi madre.
○ Es que a las cinco tengo médico.
○ No, las de ciencia-ficción no me gustan.

○ No, al fútbol no, mejor al baloncesto.
○ ¿Por qué no subes a mi casa?
○ ¿Por qué no quedamos a las seis?
○ ¿Por qué no una comedia?

17. Leed estos anuncios. Intentad poneros de acuerdo para hacer algunas de estas actividades hoy juntos.

1ER TORNEO DE BALONCESTO

Gandía, 8-9-10 de Febrero

Inscripciones:
Polideportivo de La Estación.

BOCATA CHULI

Los mejores bocadillos a los mejores precios

C/ Amadeo I, 14. (Torrevieja)
¡Te esperamos!

INAUGURACIÓN DEL PARQUE EL ESTANQUE

MULTICINES MILAFILM

Disfruta del mejor cine en
Multicines MILAFILM

Informad a vuestros compañeros. ¿Podéis acordar una actividad de estas para hacer entre todos?

 18. ¿Dónde quedan? Escucha estas conversaciones y escribe el número del diálogo junto a la imagen que corresponda.

19. **Queda con un compañero para salir.**

Alumno A
Quieres salir al parque a las 5:30.
Quieres darte una vuelta por el barrio a las 6.
Quieres hacer los deberes a las 4.
Quieres ver una película en televisión a las 7.
A las 5:50 tienes cita con el oculista. Terminas a las 6:15.
Son las cinco y has terminado los deberes.
No hay nadie en casa. Tu madre vuelve a las 7:30.
Son las 8 y te faltan tres ejercicios para acabar los deberes.

Alumno B
Estás ayudando a tu hermana. A las 5:45 ella se tiene que ir.
Son las seis y no tienes nada que hacer.
Tienes dentista. Acabas a las 6.
Estás en casa de tu tía, vuelves a las 7:30.
Son las 6 y quieres ir a ver tiendas.
A las cinco terminas los deberes y quieres chatear un poco.
Son las 7 y quieres jugar un poco al baloncesto.
A las 8 quieres dar una vuelta por el barrio.

 20. **Hoy tienes una tarde muy ocupada.**

Apunta en esta agenda 5 actividades que tienes que hacer (ir al médico, visitar a un familiar, acompañar a tu madre a la compra...).

Piensa en las horas que te quedan libres y queda con tus compañeros. ¿Con cuántos consigues quedar?

AGENDA

18 SEPTIEMBRE-24 SEPTIEMBRE
SEPTEMBER / SEPTEMBER / SETTEMBRE / SEPTEMBRE

39 SEMANA
WEEK / WOCHE
SETTIMANA / SEMAINE

18 SEPTI

18 LUNES
MONDAY / MONTAG / LUNEDÌ / LUNDI

8 — 14 —
9 — 15 —
10 — 16 —
11 — 17 —
12 — 18 —
13 — 19 —

19 MARTES
TUESDAY / DIENSTAG / MARTEDÌ / MARDI

8 — 14 —
9 — 15 —
10 — 16 —
11 — 17 —
12 — 18 —
13 — 19 —

20 MIÉRCOLES
WEDNESDAY / MITTWOCH / MERCOLEDÌ / MERCREDI

8 — 14 —
9 — 15 —
10 — 16 —
11 — 17 —
12 — 18 —
13 — 19 —

21 JUEVES
THURSDAY / DONNERSTAG / GIOVEDÌ / JEUDI

8 — 14 —

jueves

8 — 13
9 — 15
10 — 16
11 — 17
12 — 18
13 — 19

8 — 14
9 — 15
10 — 16
11 — 17
12 — 18
13 — 19

8 — 14
9 — 15
10 — 16
11 — 17
12 — 18
13 — 19

NOTES

21. ¿Cuál de estos medios de transporte hay en tu localidad?

22. Escucha estos diálogos y escribe el número de diálogo en la imagen correspondiente.

1. ○ Perdone, ¿sabe si este autobús pasa por el parque de Suanzes?
● No, por el parque de Suanzes no, pero pasa cerca. Tiene una parada en la calle Juan Ignacio Luca de Tena, que está al lado.

2. ○ Y para ir al instituto, ¿hay algún autobús?
● No, lo mejor es coger el metro y bajarse en Príncipe Pío.

3. ○ Perdone, ¿cuál es el tren de Toledo?
● Ese de ahí.

4. ○ ¿Sabéis si hay algún tren a Salobreña?
● No, a Salobreña no hay ninguno, solo hay autobuses.

5. ○ ¿Hay algún tren a Sevilla?
● Sí, tiene un AVE a las 10:45 y otro a las 15:00.

23. En la página web del servicio de información se han mezclado preguntas y respuestas sobre autobuses. Consulta la página y relaciona cada pregunta con su respuesta adecuada.

Estimados señores:
Quiero viajar a Talavera el próximo martes y no sé si hay algún autobús ahí.
¿Pueden informarme?
Atentamente.
La Sepulvedana tiene autobuses a ese destino.
Internet es para mí muy complicado y no sé utilizar sus recursos. Para ir a Burgos, ¿qué autobuses hay?
Ángel Pinto.
Tiene que llamar a Auto-Res.
¿Qué autobuses hay a Tarancón?
Feli.
Tiene dos compañías: Autómnibus interurbanos y La Sepulvedana.
Hola:
Vivo fuera de Madrid y no sé qué autobuses hay para ir a Segovia y a Cercedilla.
Muchas gracias por todo.
Montes Figueres.
Hay dos compañías: Continental y Alsa.

Consulta de horarios, paradas y precios

① Continental — San Sebastián, Bilbao, Irún, Vitoria, Burgos, Santander, Soria, Logroño.

② La Sepulvedana — Realizan trayectos a Segovia, Ávila, Talavera de la Reina y Jaén. Dentro de la Comunidad de Madrid, viajan a Guadarrama, Cercedilla y Villalba.

③ Auto-Res — Levante: Tarancón, Cuenca, Valencia, Cullera, Gandía, Tabernes, Castellón, Benicasim, Peñíscola, Oropesa y Vinaroz.
En Extremadura: Navalmoral, Trujillo, Cáceres, Mérida, Badajoz.

④ Autómnibus — Van a Ciudad Real, Talavera y Almería.

⑤ Alsa — Autobuses a León, Gijón, Bilbao, Irún, Burgos.

⑥ Enatcar — Autobuses a Barcelona, Zaragoza, Albacete, Murcia, Alicante.

DE

Indica un punto de origen o partida.
El autobús **de** Madrid.

A

Indica el punto de llegada o destino. El lugar hacia el que se dirige algo.
De Barcelona **a** Salamanca.

PARA

Indica el punto final (finalidad, lugar, ...) al que se dirige algo.
¿El autobús **para** Oviedo, por favor?
Hago deporte **para** estar en forma.

TRANSPORTES PÚBLICOS (I)

PREGUNTAR POR TRANSPORTES

Si no se sabe si existe:
- ¿Hay algún autobús, tren... (para ir) a + lugar?

Se sabe que existe pero se desconocen datos:
- ¿Qué autobús / tren... tengo que coger para ir a...?
- ¿Cuál es el autobús / tren... de + lugar?

PEDIR INFORMACIÓN ACERCA DE LA RUTA
- ¿Este autobús / tren pasa por / cerca de... ?
- ¿Para en / cerca de... + lugar?
- ¿Cuántas paradas faltan para + lugar?

SOLICITAR AYUDA
- ¿Puede/s avisarme?
- ¿Me avisa?

ADQUIRIR BILLETES / BONOS...
- (Deme / Denos) + cantidad + sencillo / ida y vuelta / bono...

24. Quieres hacer un viaje este fin de semana. Pide información a un compañero sobre el recorrido.

Alumno A

– Quieres ir a la playa.

– Hay dos playas muy bonitas: La Atalaya y El Pinar.

– No sabes si hay transporte a La Atalaya.

– Sabes que hay un tren a El Pinar pero no sabes cuál es.

– Estás en Las Águilas y no sabes cuántas paradas faltan hasta El Pinar.

– A la vuelta desde el Pinar quieres visitar el Museo Marítimo pero no sabes qué parada hay cerca.

Alumno B

– Te gusta la montaña.

– Hay dos sitios muy bonitos para ir de excursión: Peña Grande y Valle Hundido.

– Para ir a Peña Grande sabes que hay un autobús pero no sabes cuál es.

– Para ir a Valle Hundido no sabes si hay transporte.

– Cerca de Valle Hundido hay un lago muy bonito pero no sabes si hay una parada cerca.

– Para volver has cogido un tren en Valle Hundido pero no sabes cuántas paradas faltan hasta la del Hotel del Mirador.

¿A qué hora pasa el autobús?

 25. Escucha estas preguntas y escribe las horas que se mencionan.

- Perdone, ¿sabe a qué hora pasa el autobús a Castejón?
- ○ Sí, a las ....

- ¿A qué hora hay autobús al Soto?
- ○ A las .... y a las ....

- ¿A qué hora pasa el autobús?
- ○ Cada ....

- ¿Sabes a qué hora pasa el tren a Valmediano?
- ○ Son las cinco, pues dentro de ....

TRANSPORTES PÚBLICOS (II)

PARA PREGUNTAR POR HORARIOS

- ¿A qué hora pasa / sale el autobús a... / el próximo / siguiente ...?
- ¿A qué hora hay un autobús a...?

PARA INFORMAR

○ A las + hora.
○ Cada + tiempo.
○ Dentro de + tiempo.

Cada 30 minutos.

13:30   14:00   14:30

Dentro de media hora.

11:45   12:15

26. En la parada del autobús has oído estas informaciones sobre horarios de autobuses. ¿Qué preguntas creéis que se han formulado? Consultad la tabla de horarios.

SERVICIO DE AUTOBUSES URBANOS Salidas de cabecera										
EL CASTILLO C-1	7:30	8:00	8:30	9:00	9:30	10	10:30	11:00	11:30	12:00
HOSPITAL C-2	8:45	9:15	9:45	10:15	10:45	11:15	11:45	12:15	12:45	13:15
MEZQUITA C-3	8:00	8:20	8:40	9:00	9:20	9:40	10:00	10:20	10:40	11:00
CENTRO C-4	9:00	10:00	11:00	12:00	13:00	14:00	15:00	16:00	17:00	18:00
ESTACIÓN C-5	7:00	7:10	7:20	7:30	7:40	7:50	8:00	8:10	8:20	8:30
UNIVERSIDAD C-6	7:00	8:30	10:00	11:30	13:00	14:30	16:00	17:30	19:00	20:30

● ¿..?
○ Sí, a las 11 y luego cada hora.

● ¿..?
○ ¿A ver? Sí, dentro de veinte minutos. Pasa cada media hora.

● ¿A qué hora ....?
○ Dentro de veinte minutos.

● ¿..?
○ A las ocho y media y luego a las diez.

● ¿..?
○ Hay muchos, uno cada 10 minutos.

¿Sabes si hay algún autobús a Málaga?

Sí. La Madrileña tiene uno.

¿Sabes a qué hora sale?

¿Sabes si hay algún autobús a Cuenca?

¿A qué hora sale?

Sí. La Rápida tiene uno.

A las cinco.

27. Eres dueño de una empresa de autobuses. Decide a qué dos ciudades de España van y qué horarios tienen.

1. Cada uno elige tres ciudades españolas a las que quiere viajar.

2. Tenéis que encontrar qué compañía o compañías viajan a esas ciudades y su horario.
¿Quién termina antes?

El subrayado

Subrayar es señalar con una línea por debajo las ideas principales de un texto. Para subrayar:

– Fíjate en las imágenes que acompañan al texto.

– Lee el título del texto y los distintos párrafos para tener una idea general.

– Vuelve a leer cada uno de los párrafos.

– Subraya solo las palabras clave. Si lo haces bien, el texto tiene significado con las palabras subrayadas. Utiliza el diccionario si desconoces alguna palabra.

– Formula preguntas sobre el contenido de cada párrafo y señala las palabras claves.

Título

Presenta el tema o idea principal del texto.

UNIDAD 12

LA ESTRUCTURA DE LAS CIUDADES ESPAÑOLAS

Como consecuencia de la evolución que acabamos de describir, en el interior de la ciudad se distinguen diversas partes o sectores urbanos:

El casco antiguo se corresponde con el núcleo histórico original de la ciudad y mantiene algunos edificios antiguos (catedrales, palacios, ayuntamiento...). En el casco antiguo hay numerosos comercios y bancos, por lo que el precio del suelo suele ser alto y en él vive poca gente.

Las áreas residenciales es donde vive gran parte de la población de la ciudad, aunque mantienen algunas funciones comerciales. Algunas son lujosas, pero otras tienen edificaciones modestas y mal dotadas de infraestructuras urbanas.

Las zonas industriales están fuera de la ciudad. Generalmente se encuentran situadas en polígonos industriales donde se concentran fábricas y almacenes.

El área periférica es el límite de la ciudad, donde comienza el campo. En ella pueden convivir urbanizaciones residenciales de lujo, barrios marginales de chabolas, zonas comerciales con hipermercados, zonas industriales y ciudades dormitorio.

Texto adaptado de *Ciencias Sociales. Geografía. 1.º Ciclo de ESO*. Anaya.

Párrafo

Es un grupo de oraciones que desarrollan la misma idea. Está separado por un punto y aparte y cada uno desarrolla una idea principal.

¿Qué es el casco antiguo?
El núcleo histórico.
¿Cómo son los edificios que hay?
Antiguos.
¿Quién vive?
Poca gente.

Ahora te toca a ti.

a) ¿Cuántos párrafos tiene este texto?

b) Fíjate en las fotos, ¿puedes deducir a partir de ellas de qué habla el texto?

c) Subraya los dos últimos párrafos.

d) Escribe preguntas para el párrafo 3.º.

1. Escucha y repite las siguientes palabras.

gato, **go**rro, **gu**apo, **gue**rra, **gui**so, se**gui**r, pe**gué**, ci**güe**ña, pin**güi**no, **gra**cias, sa**gra**do, hon**go**, ten**go**, gan**ga**, ma**ga**, a**gu**a, lar**go**, amar**go**, **gl**ándula, **gl**obo

Fíjate en que en español el sonido **[g]** se representa con las letras **g + (a, o, u); gu (+e, i), gü (+e, i)** y se pronuncia de dos formas distintas:

a) Tocando el paladar con la parte posterior de la lengua. Ocurre a principio de palabra, detrás de **n** y de pausa: **g**ato, hon**g**o.

b) Acercando la parte posterior de la lengua al paladar sin tocarlo. Esto sucede siempre detrás de vocal y de consonante: va**g**o, **gr**acias, sa**gr**ado, **gl**ándula, **gl**obo.

2. Busca en el diccionario palabras que:

a) Empiezan por **g (+ a, o, u), gu (+ e, i)** o tienen **gü (+ e, i):**

gallo, ...

gordo, ...

desagüe, ...

b) Tienen **gr** o **gl:**

gramática, ...

glucosa, ...

c) Llevan **consonante + g:**

Argentina, ...

3. Escucha y lee ahora las siguientes palabras.

jaleo, **ja**món, **gen**te, **je**fe, **gi**tano, **ji**nete, **jo**ven, **jun**ta, ca**ja**, mu**jer**, le**jos**

Fíjate en que en estas palabras aparece otro sonido **[x]**, que en español se corresponde con dos letras: la **j (+ a, e, i, o, u)** y la **g (+ e, i).**

Se pronuncia acercando la parte posterior de la lengua al paladar.

4. Escucha y escribe *g (+ e, i)* o *j:*

....

....

5. ¿Qué oyes? Marca la palabra que escuchas.

gota / jota	vago / bajo	hijo / higo	hago / ajo
paga / paja	liga / lija	vega / veja	digo / dijo
mago / majo	legos / lejos	gusto / justo	garra / jarra

6. Escucha estas frases y completa con _g_ o _j_.

Me …usta mucho …ugar con mi …ato y comer …alletas de chocolate.

Via…o a …erona en a…osto con mi hi…a.

Cuando llueve y hace frío la …ente usa para…uas ,…abardina y …uantes.

Trabalenguas

¿Por qué no lo lees en voz alta?

Dijo un jeque de Jerez
con su faja y traje majo:
"Yo al más guapo tiro un tajo,
que soy jeque de Jerez."

Pronunciación pág. 141

ACTIVIDAD GLOBAL

Preparad una visita a una ciudad cercana. Para ello:

• Poneos de acuerdo para decidir la ciudad.
• Averiguad los medios de transporte que hay y los horarios.
• Informaos de los lugares de interés turístico.
• Elaborad un programa de la visita.

Hoy no me puedo levantar

EN ESTA UNIDAD VAS A APRENDER A

- Expresar dolor, preocupación, tristeza, temor…
- Describir nuestro estado de salud o el de otras personas.
- Informar sobre síntomas y enfermedades.
- Aconsejar, sugerir, hacer recomendaciones.
- Describir accidentes.
- Hablar sobre hábitos alimenticios.

Y TAMBIÉN VAMOS A PREPARAR UNA VISITA AL MÉDICO

Glosario Ilustrado págs. 153-155

Nuestro cuerpo

1. Completa con las partes del cuerpo.

cabeza, cuello, pecho, tripa, brazo, codo, mano, vulva, culo, pierna, rodilla, tobillo, pie, dedos, ojo, nariz, boca, mejilla, oreja, frente, ceja, espalda, hombro

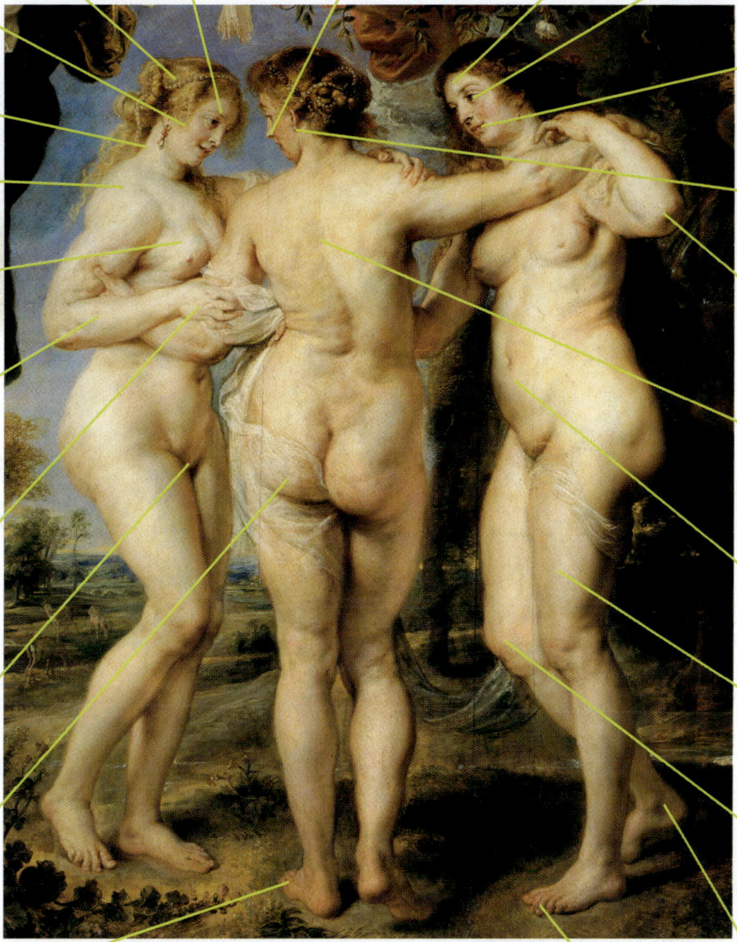

1. ....
2. ....
3. ....
4. ....
5. ....
6. ....
7. ....
8. ....
9. ....
10. ....
11. ....
12. ....
13. ....
14. ....
15. ....
16. ....
17. ....
18. ....
19. ....
20. ....
21. ....
22. ....
23. ....

Rubens, pintor del siglo XVII (1577-1640), autor de *Las tres gracias* y máximo representante del Barroco en el norte de Europa.

Li. 1.1

2. Sois los robots C2P2 y tenéis que hacer lo que dice el profesor.

C2P2 toca la oreja izquierda al compañero de la derecha...

Me duelen los ojos, me duelen las manos

3. Escucha estas conversaciones y relaciónalas con los dibujos.

1)

● ¿Qué te pasa, Marisa? ¿Estás enfadada?

○ No, nada, es que me duele mucho la cabeza.

2)

● A ver, dime, ¿qué te pasa?

○ No, no es a mí. Es a mi hermano, es que no habla bien español.

● Bueno, ¿y qué le pasa?

○ Que le duelen mucho las muelas.

3)

● ¿Qué te pasa? ¿No te encuentras bien?

○ Pues no. Me duele mucho aquí.

● ¡Vaya! ¿Por qué no vas al médico?

4)

● ¿Qué te pasa, Fernando?

○ Que tengo un dolor horrible de tripa.

PARA HABLAR DE ESTADOS FÍSICOS Y ANÍMICOS (I)

PARA PREGUNTAR A ALGUIEN POR SU SALUD

○ ¿Qué te/le pasa?

PARA INFORMAR SOBRE EL ESTADO DE SALUD

● Me / Le... duele/n + parte del cuerpo / aquí.
Me duel**e** **la** cabez**a**. / Le duel**en** **las** piern**as**.

● Tengo un dolor de + parte del cuerpo + horrible.
Tengo un dolor de muelas horrible.

● Tengo un dolor horrible aquí, en + parte del cuerpo.
Tengo un dolor horrible aquí, en la espalda.

PARA REACCIONAR

○ **¿Por qué no** + sugerencia en presente?
¿Por qué no tomas una aspirina?

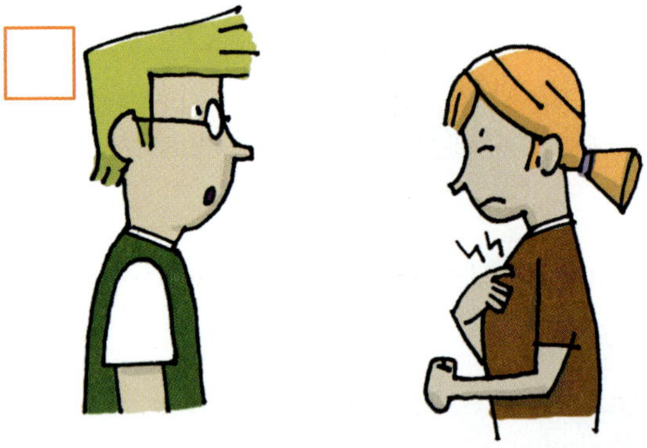

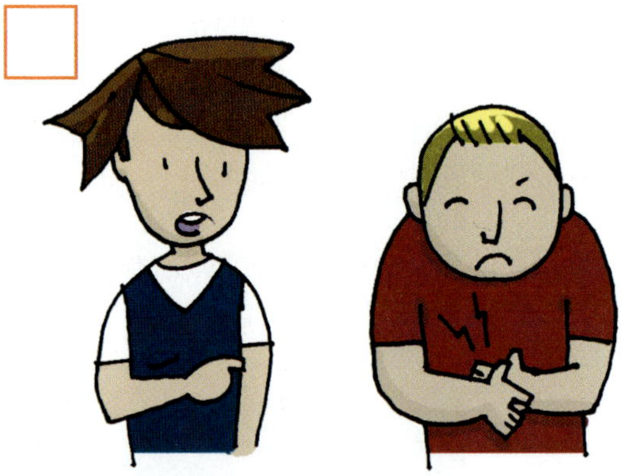

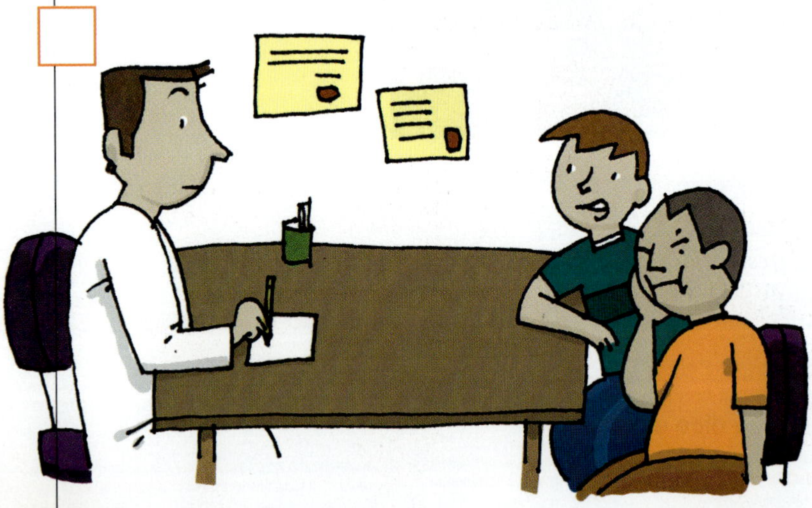

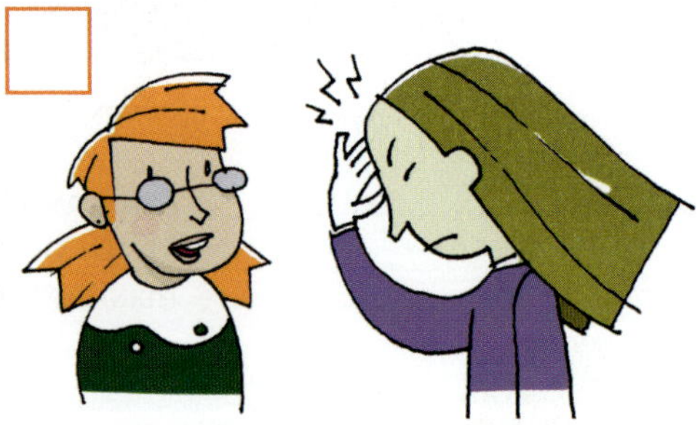

4. En estos anuncios de nuevos medicamentos se han borrado el verbo *doler* y los nombres de las partes del cuerpo. ¿Los arreglas?

¿Le (1)......................... ?

¿Le (2)..................... ?

¿Le (3)......................... ?

No se preocupe. **DOLOTIR** es la solución.
DOLOTIR, de venta en kioscos.

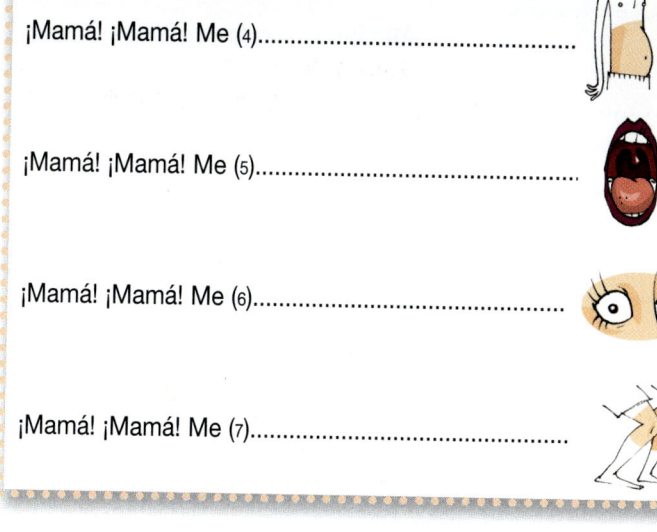

¡Mamá! ¡Mamá! Me (4).................................

¡Mamá! ¡Mamá! Me (5).................................

¡Mamá! ¡Mamá! Me (6).................................

¡Mamá! ¡Mamá! Me (7).................................

Se acabaron los dolores de su bebé.
TINTORRÍN
¡La solución!

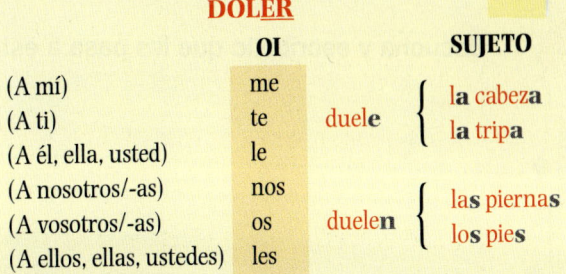

DOLER

	OI		SUJETO
(A mí)	me		la cabeza
(A ti)	te	duele	la tripa
(A él, ella, usted)	le		
(A nosotros/-as)	nos		las piernas
(A vosotros/-as)	os	duelen	los pies
(A ellos, ellas, ustedes)	les		

El verbo *doler* funciona como el *gustar, encantar, apetecer, preocupar, molestar...*
Usamos (a mí, a ti...) para **distinguir** a la persona que identificamos como OI frente a otras personas.

A **él** le duelen las rodillas.

No a ella.

No a mí.

5. ¿Tienes buena memoria? Todos os encontráis mal. Pregúntales a tus compañeros qué les duele. No escribas nada. ¿Cuántas partes del cuerpo puedes recordar? Gana el que más datos recuerde.

6. ¿Qué les pasa a estas personas? Relaciona cada dibujo con su estado.

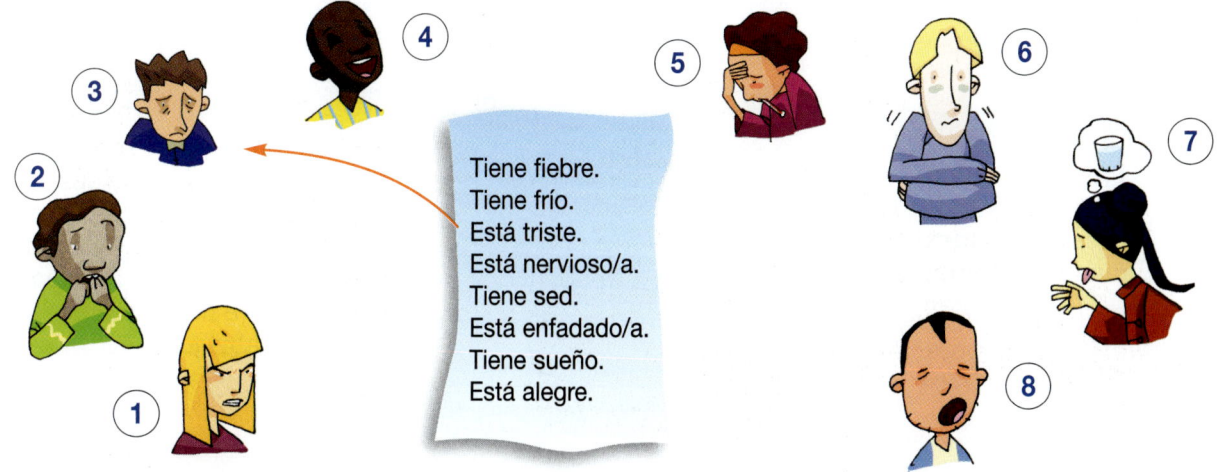

Tiene fiebre.
Tiene frío.
Está triste.
Está nervioso/a.
Tiene sed.
Está enfadado/a.
Tiene sueño.
Está alegre.

7. Escucha y escribe lo que les pasa a estos chicos y chicas.

1.

   ....

2.

   ....

3.

   ....

4.

   ....

5.

   ....

6.

   ....

7.

   ....

8. ¿Qué dirán estos personajes en cada una de estas situaciones?

a)
... ...moráceas, que se conocen en la botánica.

Iñaki Garmendia, de Bilbao, posee el récord mundial de insomnio tras permanecer 20 días seguidos sin dormir.

El pueblo nicaragüense,

de se
tía y ...
En p...
escog...
se...
que el ...
el Vierr...
pondie...

¡GENTE INCREÍBLE!

¡Qué ....!

b)
monte.

Tardó siete días en atravesar el desierto del Sahara. Sólo tenía para comer una manzana y un yogurt.

La creencia popular atri-

do ...
que ...
me ...

....

c)
... ...periodo de prueba.

Iñaki Garmendia consiguió subir y bajar 13.000 escaleras durante tres días sin dormir.

No tengo referencias sobre ninguna oración o in-

vo
el ...
r...
b...
alt...
do...
to...

....

d)
...s co...
...encia
...da con
...res-
...na
...nta,
...ebra
...mar-
...n...

Hipólito Díaz, primo del famoso Iñaki Garmendia, vive en su casa con 24 estufas que están encendidas todo el día. Además, siempre lleva tres jerseis y un abrigo.

....

9. Relaciona cada problema con una sugerencia. No olvides escribir el verbo en la forma correcta.

Tengo frío.
Tenemos mucho sueño.
Tiene mucha tos.
Nos duele muchísimo la cabeza.
Está aburrido.
Tienen hambre.
¡Qué cansado estoy!

¿Por qué no

sentarse
comer
tomar
ponerse
leer
dormir
tomar

una aspirina?
algo?
una chaqueta?
un rato?
un libro?
un rato?
este jarabe?

○ Tengo frío.
● ¿Por qué no te pones una chaqueta?

10. Imagina que te ocurre alguna de las siguientes cosas. Informa a tu compañero pero sin hablar. Él tiene que sugerirte algo.

¿Por qué no vas al dentista?

Alumno A
Estás: preocupado, aburrido, mareado, estreñido. Tienes: mocos, calor, sueño, sed.

Tienes: fiebre, miedo, tos.
enfadado, nervioso, cansado, triste.
Estás:

Alumno B

¿Desde cuándo tienes fiebre?

11. En la consulta del doctor Sanito se han mezclado las fichas de los pacientes de hoy. Escucha estas conversaciones y ordena sus fichas según el orden en el que han entrado en la consulta.

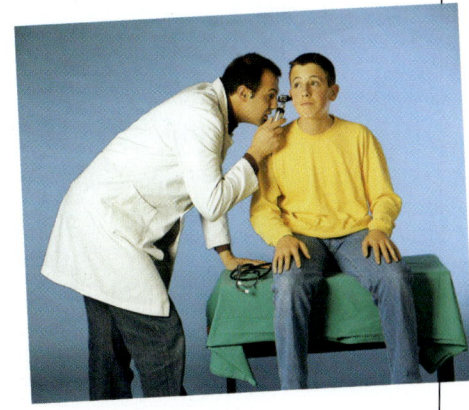

Doctor Perfecto Sanito

Paciente n.º ....
Paciente: Sonsoles Orea. 28 años.
Síntomas: le duele la garganta y no puede hablar desde hace dos días.
¡Es maestra!
Diagnóstico: Afonía aguda por gritar en clase.

Doctor Perfecto Sanito

Paciente n.º ....
Paciente: Afortunada Bonolótez.
Síntomas: dolor de tripa, ganas de vomitar y nerviosismo.
Síntomas desde hace una semana.
¡Es rica!
Diagnóstico: ataque de nervios.

Doctor Perfecto Sanito

Paciente n.º ....
Paciente: Fernando Delgado. 14 años.
Síntomas: le duele la tripa y tiene ganas de vomitar.
Le duele desde la mañana.
Causa: desayuno para tres personas.
Diagnóstico: indigestión.

12. **Escucha lo que preguntan estos doctores. ¿Qué crees que han dicho los pacientes?**

● Dime, ¿qué te / le pasa?

a) ○ ....

b) ○ ....

c) ○ ....

d) ○ ....

e) ○ ....

13. **Lee lo que dicen estos chicos y chicas. ¿Cómo es en tu caso?**

No veo a mis abuelos desde hace un año.

Yo desde hace….

Yo me pinto desde hace unos meses.

....

Yo juego al fútbol desde hace cinco años.

....

Estoy en España desde hace dos años.

....

Voy solo/a al instituto desde hace una semana.

....

DESDE

Indica el punto de origen (en el tiempo o en el espacio) en el que situamos algo.

Me duele la tripa **desde** el lunes.

Desde… hasta indica el principio y el final de un espacio o un período de tiempo.

Hay vacaciones **desde** el lunes **hasta** el jueves.

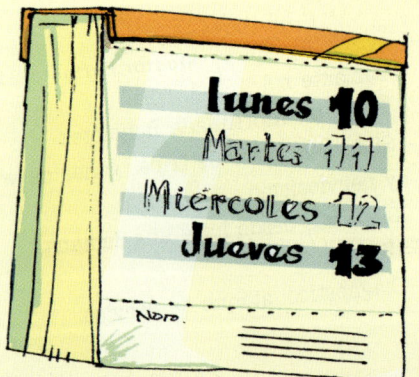

VISITA MÉDICA (I)

INFORMAR DE PROBLEMAS

● Me / le… duele/ n + parte del cuerpo.

● Me mareo/ siento cansado.

● Estar + triste…; estar + resfriado…

INFORMAR SOBRE EL INICIO DE LOS SÍNTOMAS

● **¿Desde cuando** + verbo?

○ **Desde** + hace + unidad de tiempo (tres días, el lunes, la semana pasada…).

INFORMAR SOBRE LA FRECUENCIA

● ¿Haces deporte / comes verdura /….?

○ Todos los días / los lunes / muchas veces / (una….) vez / (dos, tres, …) veces al mes, a la semana, al año.

siempre
casi siempre
a veces
casi nunca
nunca

SEGUIR INSTRUCCIONES

Las instrucciones se suelen dar en imperativo.

Túmbate / túmbese
Abre / abra la boca
Di / diga ¡ah!
Desvístete / desvístase
Tose / tosa
Coge aire / coja aire
Respire / respira

En los verbos reflexivos el pronombre se pone detrás.

Tápa**te** la garganta.

Pregunta a algún compañero desde cuándo…

• tiene bigote
• lleva pañuelo
• lleva un piercing o un tatuaje
• sale con chicos o chicas

14. Tu compañero/a tiene problemas, averigua desde cuándo. Infórmale también de los tuyos.

Alumno A

Ves a tu compañero/a:
- toser mucho
- perder el pelo
- estar resfriado/a
- olvidar las cosas
- estar muy nervioso/a

Tú llevas:
- siete días sin sueño
- cinco meses sin estar alegre
- unas horas con hambre
- treinta días con preocupación
- doce meses con alergia y picor en todo el cuerpo

Alumno B

Ves a tu compañero/a:
- dormirse en las clases
- triste
- con hambre
- preocupado
- con picor de ojos

Tú llevas:
- dos días con tos
- un mes que se te cae el pelo
- unas horas tosiendo y con un poco de fiebre
- catorce días intranquilo

15. Escucha lo que dicen estos chicos sobre la frecuencia con que hacen diferentes cosas. Márcalo en la tabla.

	Siempre	Casi siempre	A veces	Casi nunca	Nunca
Ver la tele					
Salir con amigos/as					
Estudiar					
Practicar deportes					
Ayudar en las tareas de casa					

En España generalmente a los médicos se les habla de usted y es frecuente tener como doctor a una mujer. El médico que atiende a los niños y jóvenes hasta los 14 años es el **pediatra**. Después, lo hace el médico de familia.

Pregunta ahora a tus compañeros y anota los resultados en una tabla como ésta. Hablad de los resultados.

16. La doctora Vanussia no habla bien español y se lía con las instrucciones. Escucha lo que dice y haz lo contrario. Seguro que aciertas.

17. **¿Sabes el nombre de estos medicamentos? Relaciona cada imagen con su nombre.**

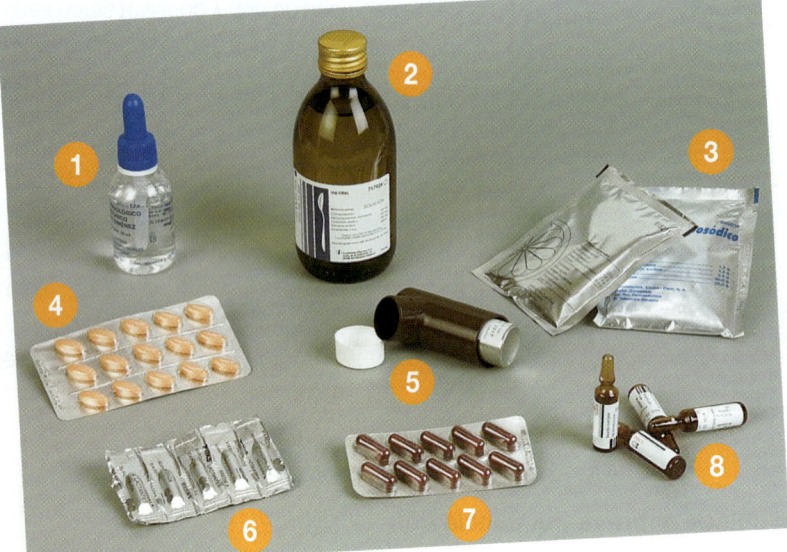

Jarabe	○
Pastillas	○
Cápsulas	○
Supositorios	○
Gotas	○
Inhalador	○
Sobres	○
Inyecciones	○

VISITA MÉDICA (II)

CONSEJOS Y RECOMENDACIONES

Tener + que + infinitivo
  Tienes que comer verdura.
Imperativo
  Bebe más agua. / No comas carne.
Para las formas negativas del imperativo se usa
el presente de subjuntivo.

			-ar	-er / -ir
(tú)	No	raíz +	-es	-as
(usted)			-e	-a
(vosotros /-as)			-éis	-áis
(ustedes)			-en	-an

No trabaj**es** / No beb**a** / No sub**a**.

IR A	Especialista (cirujano, otorrino, oculista...) recuerda: a + el = al (**al**) oculista
HACER	Pruebas (análisis de orina, radiografía...)
TOMAR	Medicamento (jarabe, pastillas, sobres...)
PONERSE	Medicamento (inyecciones, supositorios...)

Tienes que ir al oculista. / Tómate estos sobres.

18. **Escucha estas conversaciones y relaciona cada problema con la solución que le recomienda el médico.**

Tiene gripe.
Le duelen mucho las piernas.
Se ha torcido un tobillo.
Le duele mucho la tripa.
Le duelen los oídos.
Le duele la cabeza.
Estornuda mucho.

Tómese este jarabe.
Toma una aspirina.
Quédate en cama.
Échese estas gotas.
Ponte esta crema.
Tiene que tomar dieta blanda.
Haz reposo.

19. ¿Qué le recomiendas a un amigo/a que...

nunca come verduras?
casi nunca hace deporte?
siempre estudia el día antes del examen?
bebe poca agua?
grita mucho?

come mucha carne todos los días?
duerme 20 horas diarias?
está todo el día con los amigos?
trabaja 18 horas al día?
ve todo el día la tele?

Tienes que ....

....

....

....

....

....

....

....

....

....

20. El médico le ha recetado a la señora Bodas varios medicamentos y la ha mandado al especialista, pero no se acuerda de nada. ¿Puedes ayudarla a recordar?

Acismolina. ● Tome este jarabe

Dr. Chalado. ● ....

Tosiben. ● ....

Neurotis. ● ....

Clamosicc. ● ....

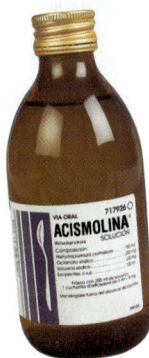

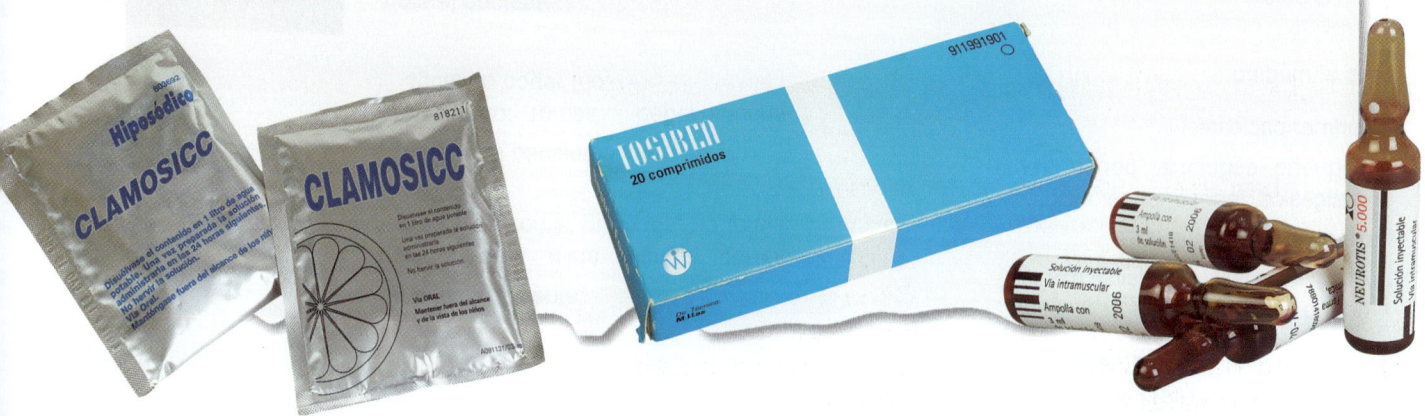

21. Escucha a qué especialistas manda este médico a sus pacientes. ¿Qué médico tienen que visitar en cada caso?

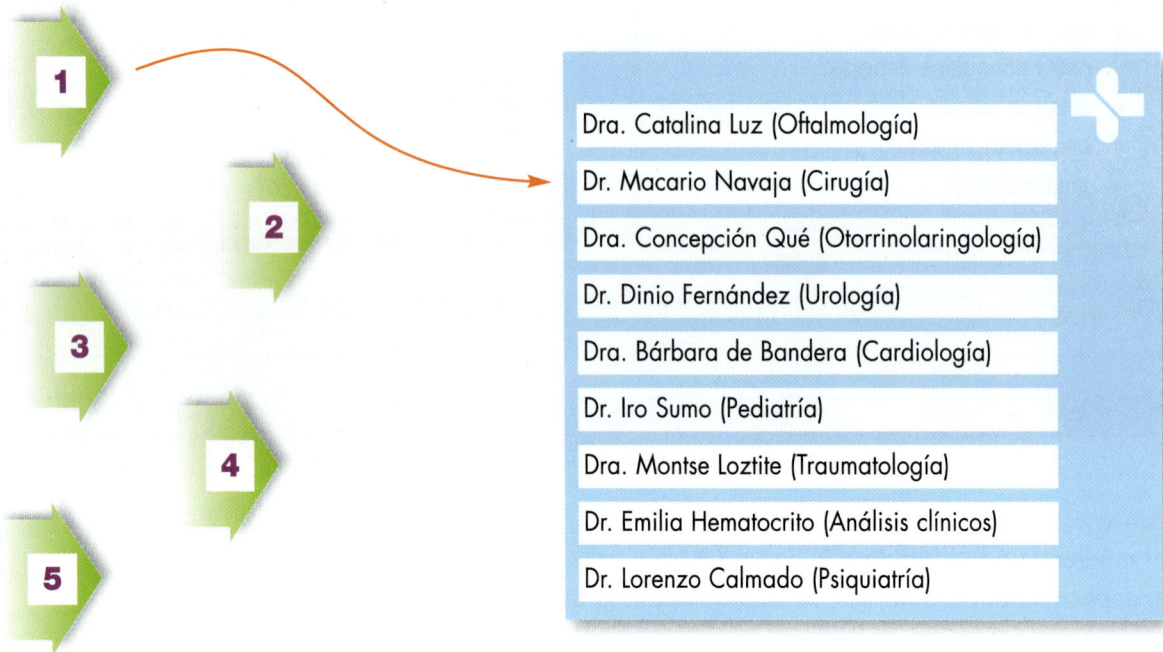

1
2
3
4
5

Dra. Catalina Luz (Oftalmología)

Dr. Macario Navaja (Cirugía)

Dra. Concepción Qué (Otorrinolaringología)

Dr. Dinio Fernández (Urología)

Dra. Bárbara de Bandera (Cardiología)

Dr. Iro Sumo (Pediatría)

Dra. Montse Loztite (Traumatología)

Dr. Emilia Hematocrito (Análisis clínicos)

Dr. Lorenzo Calmado (Psiquiatría)

22. ¿Hacemos de médicos? En parejas, interpretad estas situaciones haciendo una vez de médico y otra de enfermo. Cuenta a tu médico lo que te ocurre y él te dirá lo que tienes que hacer.

Eres el paciente

Uno.
   Tener dolor de tripa.
   Vomitar.
   Estar mareado.
Dos.
   Tener un poco de fiebre.
   Toser mucho.
   Doler garganta.

Eres el médico

Tu primer paciente:
   Pequeño esguince: poner crema analgésica, reposo, poner venda.
Tu segundo paciente:
   Alergia: pastillas...., visitar alergólogo, no salir al campo.

Eres el paciente

Uno.
   Doler mucho el tobillo.
   No poder andar bien.
   Tener hinchada.
Dos.
   Picor de ojos.
   Picor de garganta y de nariz.
   Estornudos.

Eres el médico

Tu primer paciente:
   Indigestión: dieta blanda, comer poco, no comer guisados, no tomar lácteos.
Tu segundo paciente:
   Resfriado: tomar...., beber mucha agua, no coger frío.

23. Escucha y lee estas conversaciones y relaciónalas con las imágenes correspondientes.

a) ¿Qué te ha pasado?
Nada, que me he caído y me he hecho un esguince.

b) ¡Cuánto tiempo sin verte! ¿Dónde has estado?
De vacaciones en casa de mis abuelos.

c) ¿Qué has hecho esta mañana?
He estado en el hospital con mi madre.

d) ¿Qué dicen que le ha pasado a la de mates?
Creo que se le ha estropeado el coche.

e) ¿Y los ejercicios de matemáticas?
Es que se me ha olvidado el cuaderno en mi casa.

¿Te has fijado en que aparecen nuevas formas de verbos?
Subráyalas. ¿Para qué crees que sirven?

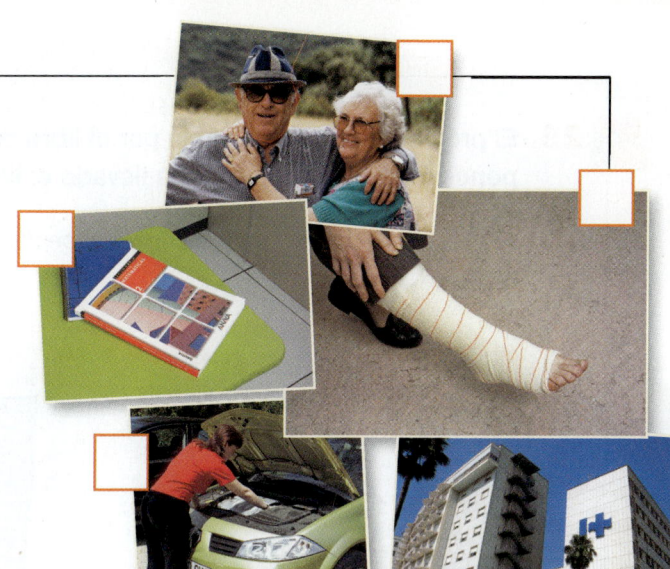

24. Esto es lo que han hecho estos chicos este fin de semana. Reconstruye lo que han podido decir.

● ¿Qué has hecho este fin de semana?
○ He ido a casa de mis tíos y he estado con mis primos.

Ir con amigos	en cama	ganar partido
Comer	casa	estar mis primos
Quedar solo	barrio	estar aburrido
Pescar con padre	baloncesto	pasar muy bien
Ir	cine	pescar muchos peces
Jugar	río	bailar mucho
Pasear con amigo/a	mis tíos	ver película muy bonita
Estar enfermo	discoteca	ver tele

PRETÉRITO PERFECTO

Presente del verbo *haber*		Participio*
he		
has	estudi**ado**	
ha	le**ído**	
hemos	dorm**ido**	Participio*
habéis		
han		

Lo usamos para hablar de hechos terminados que relacionamos con el momento actual: AQUÍ.

AQUÍ	hoy	este mes
	esta tarde	este año
	esta semana	este curso

Esta semana **he estado** de vacaciones.

AQUÍ

`Gra. IV. 6`

PARTICIPIO

Se forma añadiendo a la raíz del verbo las terminaciones **-ado** o **-ido**.

	-ar		**-er /-ir**
viaj~~ar~~	viaj**ado**	tener	ten**ido**
olvid~~ar~~	olvid**ado**	viv~~ir~~	viv**ido**

PARTICIPIOS IRREGULARES

volver	**vuelto**	hacer	**hecho**
ver	**visto**	ir	**ido**
escribir	**escrito**	decir	**dicho**
poner	**puesto**		

25. El profesor pregunta a Sonia por el libro de matemáticas. Ordena estos dibujos. ¿Qué le responde Sonia? ¿Por qué no ha llevado el libro? Puedes utilizar los siguientes verbos.

encontrarse, perder, salir, robar, meter

● ¿Dónde está el libro de matemáticas, Sonia?

26. ¿Con qué compañero tienes más cosas en común por:

ver las mismas películas este mes,
escuchar las mismas canciones esta semana,
estudiar las mismas cosas ayer,
gastaros el dinero en lo mismo en los últimos días,
no gustaros lo mismo de la última clase de hoy,
soñar con la misma cosa esta noche,
cantar la misma canción últimamente,
discutir con la misma persona en estos días,
tener el mismo peor día,
aburriros el mismo día?

¿Qué películas has visto este mes?

TEXTOS PARA APRENDER

LOS ALIMENTOS

Los alimentos están formados por compuestos químicos: los nutrientes, que desempeñan tres funciones: energética, estructural y reguladora.

Sustancias energéticas

Los hidratos de carbono o glúcidos: nos proporcionan energía de forma inmediata. Se encuentran en los cereales, el azúcar, las legumbres, las patatas…

Los lípidos o grasas: son una importante reserva de energía. Se hallan en las grasas animales, en los pescados azules y en los aceites vegetales.

Sustancias estructurales

Proteínas: necesarias para que el organismo construya y repare sus estructuras. Hay proteínas de origen animal (carne, pescado, huevos, leche…) y vegetal (legumbres, frutos secos, cereales…).

Sustancias reguladoras

Las vitaminas: se necesitan para que el organismo pueda aprovechar las sustancias energéticas y estructurales de los alimentos. Son abundantes en las frutas, verduras y hortalizas.

Los minerales: se encuentran en la naturaleza y son necesarios para elaborar tejidos, sintetizar hormonas… Son el sodio, potasio, magnesio, hierro, yodo, cloro, flúor… Se encuentran en las frutas, verduras y hortalizas frescas.

El agua: es el componente mayoritario del cuerpo, un 60% del peso de una persona adulta.

Biología y geología, 3.º ESO, Anaya (texto adaptado)

EL ESQUEMA

El esquema expresa las ideas fundamentales del texto pero organizadas de forma que podemos ver las relaciones entre ellas. Sirve para ayudar a entender el texto y para estudiar. Para hacer un buen esquema debes seguir estos pasos:

1º. Leer atentamente cada uno de los párrafos del texto.
2º. Identificar el tema.
3º. Subrayar las ideas fundamentales.
4º. Escribir cada idea de forma breve.
5º. Elaborar la estructura del esquema. Hay muchos tipos de esquemas. El más usual es el de LLAVES.
6º. Rellenar la estructura del esquema.

1 Completa este esquema.

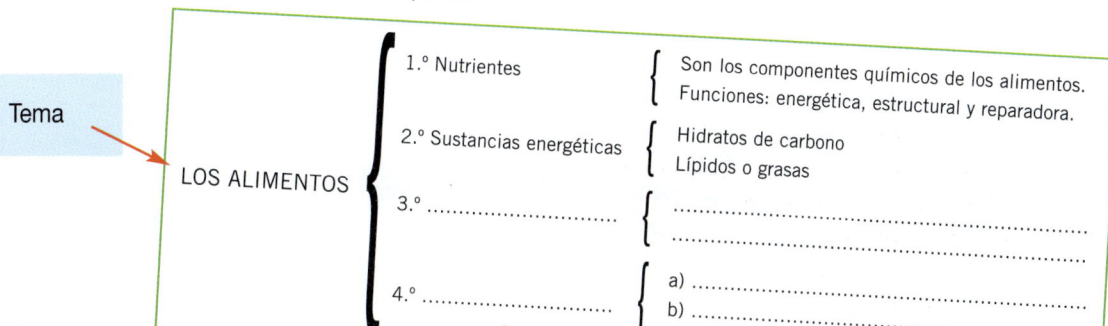

Tema

LOS ALIMENTOS
- 1.º Nutrientes
  - Son los componentes químicos de los alimentos.
  - Funciones: energética, estructural y reparadora.
- 2.º Sustancias energéticas
  - Hidratos de carbono
  - Lípidos o grasas
- 3.º ....
  - ....
  - ....
- 4.º ....
  - a) ....
  - b) ....
  - c) ....

Ideas principales

Ideas secundarias

PRONUNCIACIÓN

 **1.** Escucha y lee.

cara, pera, toro, muro, carne, corto, ser, amor, brazo, breve, brisa, brote, brújula, libro, libre, cráneo, creer, crío, cromo, crudo, ocre, hipócrita, drama, drenaje, droga, edredón, padre, almadraba, francés, freír, frío, cofre, cofradía, Granada, grito, grupo, ingreso

> Observa que en español el sonido **[r]** se representa con la letra **r** cuando va **entre vocales** (pera), al **final de sílaba** (corto), al **final de palabra** (amor) y con las consonantes **b, c, d, f, g, t, p** y **t** (brazo, crío, drama, ...).
>
> • Se pronuncia tocando con la punta de la lengua en los alvéolos (en la parte superior de la boca) e interrumpiendo momentáneamente la salida del aire.
>
> • Hay que tener cuidado de no confundirlo con el sonido **[l]**, que se pronuncia de forma parecida pero colocando la punta de la lengua en los alvéolos; el aire sale por los lados de la boca.

 **2.** Escucha y escribe.

....

 **3.** Escucha y coloca *l* o *r*.

po...o	pe...a	bo...o	o...a,
va...a	pi...a	po...o	ca...o
ca...o	pe...o	ba...a	pi...a
a...a	a...a	ta...a	pe...a
ta...a	bo...o	o...a	pe...o
ti...a	to...do	mu...o	to...va

 **4.** Escucha y lee estas palabras.

risa	rama	restaurante	carro
parra	guerra	cerrojo	barril
israelí	alrededor	honradez	enriquecer

> Fíjate en que en estas palabras las letras **r** y **rr** representan un sonido diferente al anterior: **[r̄]**.
>
> • Este sonido se pronuncia haciendo vibrar la punta de la lengua varias veces contra la parte superior de la boca (alvéolos) y se encuentra en inicio de palabra (rosa), después de **n, l,** y **s** (Enrique, alrededor, Israel) y entre vocales (perro).

 **5.** Subraya la palabra que oigas.

coro / corro	carro / caro	corral / coral	foro / forro
cero / cerro	lana / rana	perra / pera	ahorra / ahora
mira / mirra	celo / cerro	parra / para	poro / porro
barra / vara	carera / carrera	roca / loca	perro / pelo
carro / calo	parra / pala	caleta / carreta	lavo / rabo
ruso / luso	río / lío	ratón / latón	talo / tarro

 **6.** Escucha y escribe estas palabras.

....
....

Trabalenguas

¿Por qué no lo dices?

Rosa Rizo reza ruso,
ruso reza Rosa Rizo.

Había un perro
Debajo de un carro,
vino otro perro
y le mordió el rabo.

El perro de San Roque no tiene rabo porque Ramón Rodríguez se lo ha robado.

Pronunciación pág. 141

ACTIVIDAD GLOBAL

Preparad una visita al médico. Para ello:

• Pensad en enfermedades comunes.

• Buscad información en Internet o en un diccionario enciclopédico.

• Preparad la visita: qué vais a decir, qué os pueden preguntar, qué pruebas os pueden mandar…

• Elaborad un cartel en el que incluyáis enfermedades, síntomas, tipos de medicamentos, administración…

• ¿Os atrevéis a representarlo? Unos hacen de médicos y otros de pacientes.

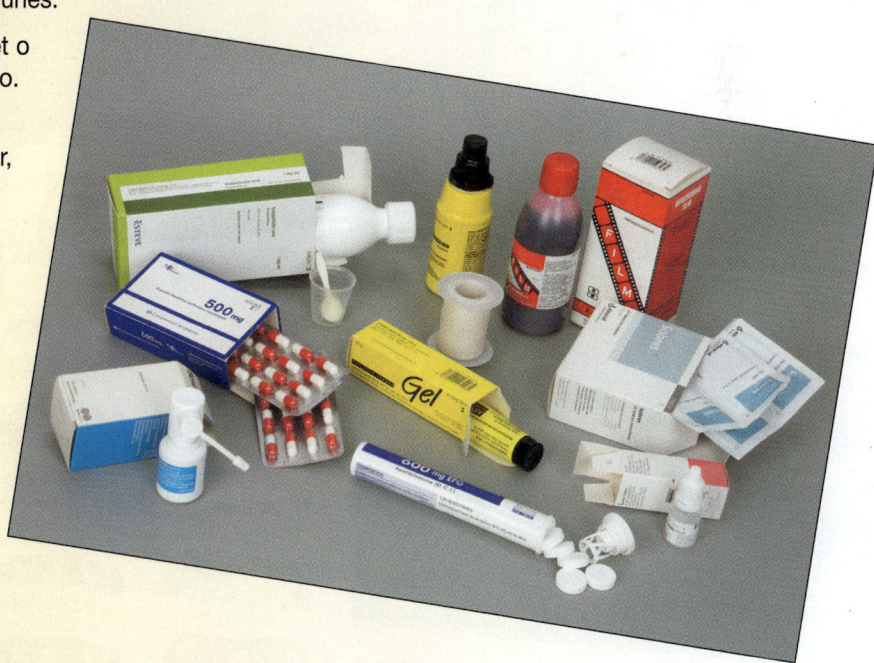

ciento una **101**

6
De compras

EN ESTA UNIDAD VAS A APRENDER A

- Describir prendas de vestir y calzado.
- Valorar y comparar prendas de vestir y calzado.
- Informarse sobre la existencia y el precio de prendas de vestir y calzado.
- Realizar compras de ropa y otras cosas.
- Hablar sobre lo que uno ha hecho ayer, el año pasado...
- Hablar de planes y proyectos.

Y TAMBIÉN VAMOS A ELEGIR UN REGALO PARA UN AMIGO O UNA AMIGA

Glosario Ilustrado págs. 157-160

¿Qué me pongo?

verde rosa negro blanco rojo marrón azul amarillo naranja morado gris

1. Fíjate en estos dos dibujos.

LOS COLORES

EL ADJETIVO (III)

Unos adjetivos varían en género y número: negro, amarillo, rojo, blanco.

> Tengo una camis**a** blanc**a** y también unos zapat**os** blanc**os**.

Otros solo varían en número: gris, verde, azul, marrón.

> Me gusta el gris. Tengo una camis**a gris**, un pol**o** **gris** y un**os** zapat**os** gris**es** también.

Fijándonos en la forma del adjetivo podemos saber de qué sustantivo se habla:

> ● Mira qué camisa y qué vestido más bonitos.
> ○ Sí, el amarill**o** no está mal.
>   (amarillo = vestido)

PRENDAS DE VESTIR Y CALZADO

Para hablar de:

El material: de plástico, de cuero, de lana…
El tipo: vaqueros, chándal, de vestir…
La marca: Nike, Adidas, …

a) Escucha. ¿Qué escaparate miran Susana y su amiga Lucía?

b) ¿Qué diferencias hay entre las prendas de estos dos escaparates? Anótalas y coméntalas con tus compañeros.

La camiseta de la izquierda es gris y con tirantes, y la de la derecha…

Los adjetivos de color suelen ir detrás del sustantivo. En textos literarios pueden ir delante del sustantivo:

En el planeta Airel todo era blanco, blancas las tiendas, blancos los bancos, blancos bigotes, hasta las noches cerradas eran blancas.

2. Vais a hacer un viaje muy largo a Noruega y al Caribe. ¿Qué ropa tenéis que llevar? ¿Elegís todos lo mismo?

Es una camiseta muy bonita

3. Escucha estos diálogos. ¿De qué se habla en cada caso? Relaciónalos con el objeto correspondiente.

- ● ¡Qué bonita!
- ○ Sí, es una camiseta muy bonita.

☐

- ● Este coche es muy rápido.
- ○ Sí, corre a 250 kilómetros por hora.

☐

- ● Es muy grande.
- ○ Sí, grandísimo.

☐

- ● Mira, ¡qué interesante!
- ○ Sí, interesantísima.

☐

- ● Es un edificio un poco estrecho.
- ○ ¿Un poco? Es estrechísimo.

☐

1

2

3

4

5

4. Fíjate en la ropa de los escaparates del ejercicio 1.
¿A qué prenda le aplicarías cada uno de los siguientes
adjetivos? ¿Está tu compañero de acuerdo contigo?

Cómodo

Elegante

Bonita

Caliente

Útil

Modernas

Fino

Nuevos

Feo

Pequeño

Grande

Antiguo

● Las faldas son muy bonitas.
○ La falda de la izquierda es muy bonita pero la de la derecha no.

5. Pregúntale a tu compañero qué opina sobre:

➻ la ciudad de donde procede.
➻ el barrio donde vive.
➻ la gente de su país.
➻ la televisión de España.
➻ el español.

● Mi ciudad es demasiado ruidosa.
○ Pues la mía no. Es muy tranquila.

6. Con un compañero buscad ejemplos de algo...

muy bueno: ....
muy lejos: ..Japón está lejísimos..
muy grande: ....
muy difícil: ....
muy cerca: ....
muy fácil: ....
muy gracioso: ....
muy pequeño: ....

Ponedlo en común con el resto de la clase.

● La división por una cifra es muy fácil.
○ Sí, es facilísima.
△ Para mí la división no es muy fácil.

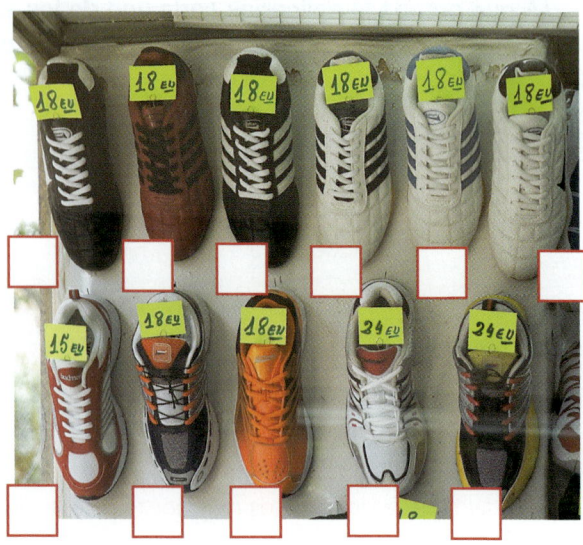

7. Escucha y lee estas opiniones sobre las zapatillas y las gafas. Relaciona cada opinión con su imagen.

a) ● ¿Qué zapatillas te gustan?
   ○ No sé, las naranjas son más bonitas que las demás.

b) ○ ¿Y a ti?
   ● A mí, las de la derecha.
   ○ Sí, pero son más caras que ninguna.

c) ● Las de arriba cuestan lo mismo.
   ○ Sí, pero las blancas son las mejores.

d) ● Las gafas naranjas son las más modernas
   ○ Pues a mí son las que menos me gustan.

8. Es el cumpleaños de una amiga. Elige un objeto de cada estantería y explica por qué los eliges.

PARA COMPARAR

...más / menos (...) que... lo usamos para comparar dos cosas que son diferentes.

Mónica estudia **más que** su hermana.
Alberto es **más** alto **que** Luis.

Para ser precisos usamos: un poco, bastante, mucho...
Éste es **un poco / mucho más** caro que ése.

Cuando está claro de lo que hablamos no aparece el segundo término de la comparación.
Corre **más que** Zidane, pero gana **menos (que él)**.

Bueno, malo, grande y **pequeño** tienen unas formas especiales para expresar un grado mayor:

más bueno: **mejor**   más grande: **mayor**
más malo: **peor**   más pequeño: **menor**

Estas formas concuerdan solo en número:
Andrés cuenta los mejor**es** chistes.

Igual, lo mismo, tan / tanto: señalamos si las cosas son semejantes o no.

con adjetivos	igual **de**... que lo mismo **de**... que	tan... como tanto como
con verbos	... igual que lo mismo que	

○ Ana y Alberto son **igual de** altos **que** su padre.
● Sí, y cantan **igual que** él.

Hoy hace **tanto** calor **como** ayer, pero no se está tan mal.

Los zapatos de tacón son más ....

9. Pensad en vuestros compañeros de clase y comparadlos de dos en dos. De cada uno hay que decir algo positivo y negativo.

Andrés corre más que Jury pero Jury es mucho más tranquilo.

Andrés estudia menos que Jury.

Jury es un poco más vago que Andrés.

10. Escucha y señala lo que dicen estas personas.

	más bueno	más malo	más grande	más pequeño
1				
2				
3				
4				
5				
6				

11. Hay que buscar un nuevo profesor de matemáticas. Estos son los candidatos. Lee atentamente sus datos y decide. ¿Cuál es el más adecuado?

EL MÁS / EL MENOS...

Para destacar algo o a alguien frente al resto de elementos de un conjunto.

El/la... + (sustantivo) + **más / menos** + adjetivo + **de** + conjunto

El chico **más** alto **de** su clase.

La mayor de las hermanas.

Cuando está claro de lo que hablamos, no es necesario mencionar el conjunto de referencia.

● Los coches de esa marca son muy buenos.
○ Sí, pero el 505 es **el más** lento (de todos).

MARISA DELICADITA

25 años y soltera. Escribe cuentos infantiles y en su tiempo libre cuida de ancianos. No sabe contar historias divertidas. Es seria, cuesta hacerla reír y parece que siempre está triste. Es profesora de matemáticas. Pone exámenes fáciles.

MANUEL ARENCIBIA

50 años, casado y con cinco hijos. Ex militar, nunca se ríe, le gusta el orden. Cuenta historias divertidas y graciosas. En su tiempo libre es domador de leones. Es profesor de educación física. La palabra que más le cuesta escribir es "aprobado".

DIEGO GRACIOSÉTEZ

Diego Graciosétez, 25 años y soltero. Sabe contar los mejores chistes, siempre se ríe por todo. Falta mucho a clase. Con él nunca se llega a la mitad del libro. Se equivoca cuando explica.

PILAR AYUDADORA

30 años, casada y madre de dos hijos. Es la jefa de estudios, siempre ve el lado positivo a todo. Cuesta hacerla enfadar, comprende y ayuda a todo el mundo. Siempre dice: "Para aprobar hay que trabajar". Su tiempo libre lo dedica a su familia. Tiene muchos premios de matemáticas.

Justifica tu elección.

	A favor	En contra
Marisa		
Manuel		
Diego		
Pilar		

El más adecuado o la más adecuada es .... porque ....
....

12. **En la revista juvenil *¡Eh, chicos!* se busca a los 10 personajes más valorados por los lectores. ¿A quién elegís como:**

➦ un actor guapísimo   ➦ una cantante muy famosa

➦ una actriz guapísima   ➦ un político muy conocido

➦ un futbolista muy bueno   ➦ un protagonista de dibujos animados muy gracioso?

¿Tienen carretes de fotos?

13. **Escucha estas conversaciones. ¿Encuentran los productos que quieren comprar?**

	Lo tienen	No lo tienen
¿Tienen camisetas de baloncesto?		
Quisiera un carrete de fotos en blanco y negro.		
¿Tienen ordenadores portátiles?		
¿Tienen revistas de jóvenes?		
Quisiera un paquete de galletas y un cartón de leche.		
Quisiera ver una *scúter*.		

14. ¿Qué crees que han preguntado en estas tiendas?

1. ● ....

○ No, lo siento, aquí no tenemos carretes de fotos.

2. ● ....

○ (la camiseta) ¿La quiere de manga larga o corta?

3. ● ....

○ ¿Música? Sí, tenemos de Marruecos, de Mali y de Argelia.

4. ● ....

○ ¿Vaqueros? ¿De qué talla?

PARA ADQUIRIR PRODUCTOS

NO SE SABE SI TIENEN LO QUE QUIERES

¿**Tiene/n** + camisetas / carretes de fotos...?

CREES QUE TIENEN LO QUE QUIERES

Quisiera + una camiseta / un carrete de fotos.

PARA BUSCAR UN PRODUCTO COMPARÁNDOLO CON OTRO

¿Tiene/n + producto + más/menos + caro / largo...+ que?

¿Tiene una talla más grande?

En España las tallas de ropa pueden estar constituidas por números, que generalmente van de dos en dos (36, 38, 40...), o por letras (S, M, L, XL...). Cada fabricante tiene sus propias tallas y una misma talla varía mucho de un fabricante a otro.

15. Pide lo que necesites según la tienda en la que estés. Tu compañero te responderá también según la tienda en la que él trabaja.

Alumno A

Necesitas:
Unos pantalones vaqueros.
Un carrete de fotos.
Unos sellos.
Un paquete de detergente.
Un spray para el olor de las zapatillas.

Estás en:

FARMACIA

Deportes Ruiz

PAPELERÍA CERVANTES

ESTANCO

Droguería Juani

Eres dependiente en:
Una farmacia.
Una droguería.
Un kiosco.
Una librería.
Un estanco.

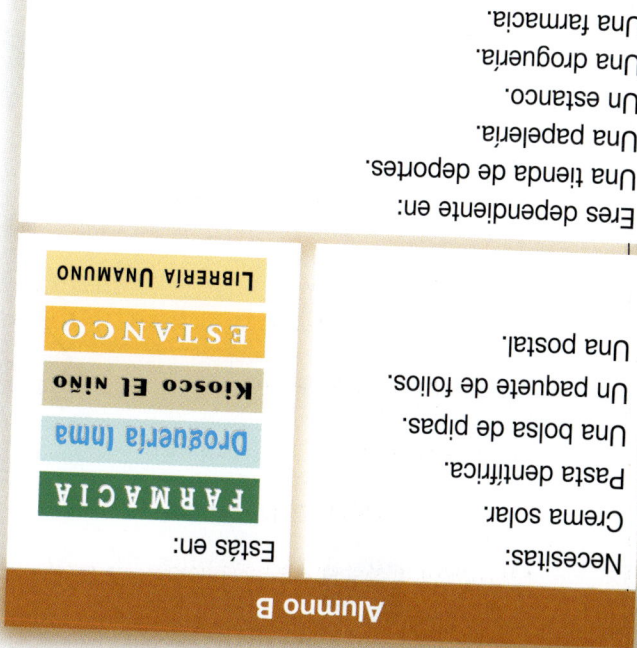

Alumno B

Necesitas:
Crema solar.
Pasta dentífrica.
Una bolsa de pipas.
Un paquete de folios.
Una postal.

Estás en:

FARMACIA

Droguería Inma

Kiosco El niño

ESTANCO

LIBRERÍA UNAMUNO

Eres dependiente en:
Una tienda de deportes.
Una papelería.
Un estanco.
Una droguería.
Una farmacia.

16. Lee este texto sobre los horarios comerciales en tu ciudad. Compáralos con los de tu país.

En España las tiendas normalmente abren de 10 a 14 horas y de 5 a 8, de lunes a viernes. En verano el horario de tarde suele ser de 5:30 a 8:30. Los sábados las tiendas abren solo por la mañana de 10 a 14, aunque en las ciudades las tiendas de ropa y calzado abren también los sábados por la tarde. Sin embargo, los bancos y las farmacias tienen un horario diferente. Los bancos suelen abrir de 8:30 a 14 horas de lunes a viernes y están cerrados por la tarde. Algunos bancos abren en invierno una tarde a la semana, los jueves, y otros lo hacen los sábados. Las farmacias generalmente abren de 9:30 a 13:30 y de 5 a 8. Cuando hay más de una farmacia en

Horario
Lunes a Viernes
de 10.00 hrs. a 18.30 hrs.
Sábados
de 10.00 hrs. a 14.00 hrs.

la localidad, una de ellas abre 24 horas. Se dice entonces que está de guardia.

Normalmente las grandes superficies e hipermercados tienen un horario de 10 de la mañana a 10 de la noche de lunes a sábado y, dependiendo de la comunidad autónoma, pueden abrir también un domingo al mes.

17. Necesitas comprar ropa pero estas cosas no son las que buscas. ¿Qué dices en cada caso para buscar algo más adecuado?

a)

b)

120 €

c)

....

d)

e)

f)

....

18. Escucha esta grabación y señala las cifras que oigas.

NÚMEROS 100-1.000

100	cien
200	doscient**os/ as**
300	trescient**os/ as**
400	cuatrocient**os/ as**
500	quinient**os/ as**
600	seiscient**os/ as**
700	setecient**os/ as**
800	ochocient**os/ as**
900	novecient**os/ as**
1.000	mil

Se usa **cien** solamente cuando hablamos exactamente de 100; en los demás casos usamos **ciento.**

Tenemos (125) **ciento veinticinco** euros.

Del 200 al 999 los números concuerdan con el sustantivo al que se refieren:

Tengo doscient**os** eur**os** y trescient**as** libr**as**.

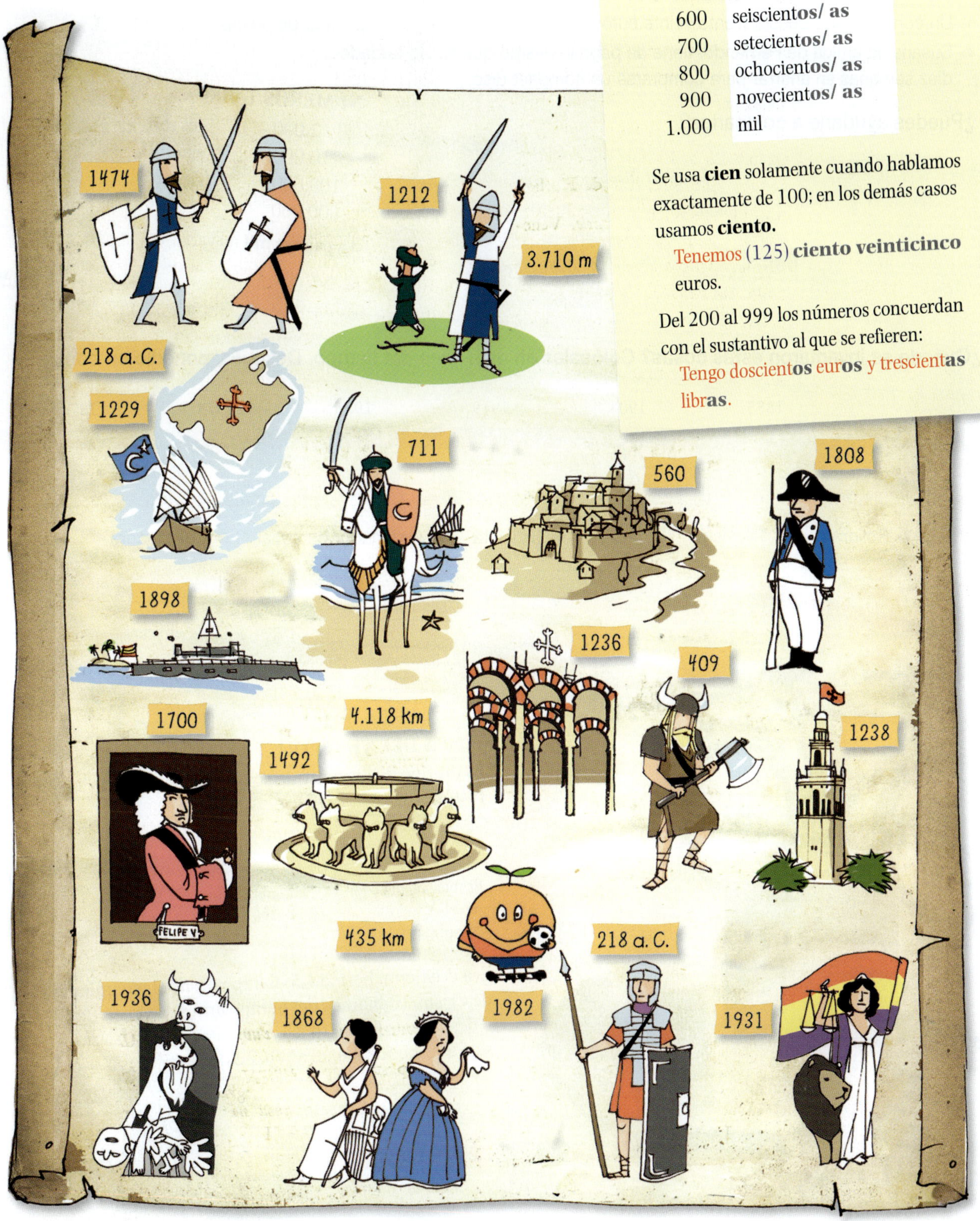
1474
1212
3.710 m
218 a. C.
1229
711
560
1808
1898
1236
409
1700
4.118 km
1492
1238
FELIPE V
435 km
218 a. C.
1936
1868
1982
1931

19. Fernando ha tirado sin querer los carteles con los precios de algunos productos. Pero se acuerda de que:

➡ El ordenador cuesta seis veces más que la play y la mitad que la tele.

➡ Con lo que cuesta la bici más treinta euros puedes comprar una play.

➡ Para comprarse una bici Fernando necesita ahorrar durante veinte semanas toda la paga.

➡ Un compact disc cuesta ciento veinte euros, pero ahora está de oferta a mitad de precio.

➡ Susana, la amiga de Fernando, tiene de paga lo mismo que él. Ha tardado diez semanas en ahorrar para comprarse un compact disc.

¿Puedes ayudarle a colocarlos?

Play:

Compact disc:

Tele:

Bici:

Ordenador:

NÚMEROS 1.000 - ...

2.000	dos **mil**
10.000	diez **mil**
100.000	cien **mil**
600.000	seiscientos/as **mil**

La palabra **mil** no varía.
Tres mil cuatrocient**os** veinte kilómetr**os**.

Li. 3

20. **¿Cuándo se inventaron estas cosas? Colócalas en esta línea del tiempo. Después, ponedlo en común.**

1642	1885	1903	1919	1926	1973	1976

▶ Internet   ▶ Bolígrafo   ▶ Televisión   ▶ Avión   ▶ Bicicleta   ▶ Ordenador personal   ▶ Calculadora

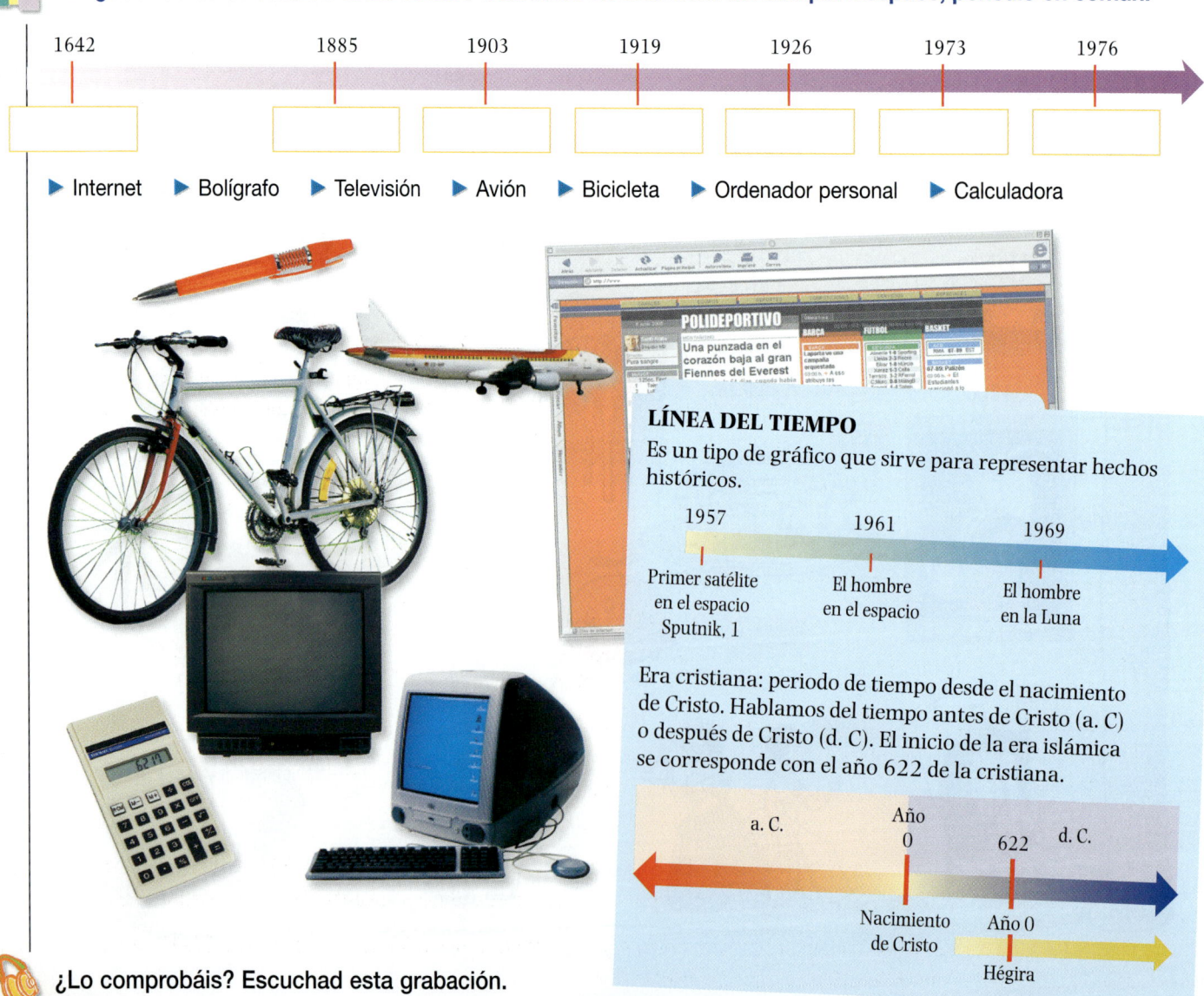

LÍNEA DEL TIEMPO

Es un tipo de gráfico que sirve para representar hechos históricos.

1957	1961	1969
Primer satélite en el espacio Sputnik, 1	El hombre en el espacio	El hombre en la Luna

Era cristiana: periodo de tiempo desde el nacimiento de Cristo. Hablamos del tiempo antes de Cristo (a. C) o después de Cristo (d. C). El inicio de la era islámica se corresponde con el año 622 de la cristiana.

a. C.   Año 0   622   d. C.

Nacimiento de Cristo   Año 0   Hégira

¿Lo comprobáis? Escuchad esta grabación.

21. Escucha lo que cuenta esta chica y numera estas frases.

vimos una peli...

vi un Compact Disc...

fui a Madrid...

compré un libro...

vino mi primo...

fuimos a casa de Juan

encontré un reloj...

¿Te has fijado? Aparecen nuevas formas de verbos para hablar del pasado. Subráyalas y escríbelas junto a su infinitivo.

dio dinero...

infinitivo

vi	ver
....	....
....	....
....	....
....	....
....	....

22. Albert, un chico alemán, ha escrito una biografía de Edison para sociales pero duda en los verbos. ¿Le puedes ayudar?

Edison, Thomas Alva (1847-1931). Inventor estadounidense

Edison .... (nacer) en EEUU en 1847. De pequeño no le gustaba estudiar. En la escuela solo .... (pasar) unos meses y en ese tiempo le .... (expulsar) tres veces. Su madre .... (encargarse) de sus estudios y le .... (animar) a leer todo tipo de libros.

A los diez años Edison ya se .... (interesar) por la ciencia y .... (comenzar) a hacer experimentos. A los doce años .... (empezar) a vender frutas y dulces en los trenes. También .... (vender) periódicos que él mismo escribía. En esos viajes .... (aprender) por sí mismo química, física y mecánica.

Edison .... (inventar) la luz eléctrica, que .... (conseguir) en 1879 cuando .... (fabricar) la primera bombilla que .... (lucir) durante 48 horas seguidas.

Edison también inventó el fonógrafo, la locomotora y el automóvil eléctricos... y así hasta 1.200 cosas más. .... (morir) en 1931 a los 85 años.

PRETÉRITO INDEFINIDO (I)

	-ar	-er / -ir
yo	-é	-í
tú	-aste	-iste
él, ella, usted	-ó	-ió
nosotros /-as	-amos	-imos
vosotros /-as	-asteis	-isteis
ellos, ellas, ustedes	-aron	-ieron

Lo usamos para hablar de un hecho pasado sin relación con el momento actual.

ALLÍ	un día	un verano
	una semana	un año
	un mes	en el pasado

Ayer **hizo** sol ...   pero hoy está nublado.

ALLÍ

Gra. IV. 7.1

23. Escucha estos diálogos y clasifícalos en alguna de las dos columnas.

hoy	Ayer, la semana pasada, …
....	....
....	....
....	....
....	....
....	....
....	....
....	....
....	....

 24. Fíjate en estos dibujos y reconstruye la historia de Caperucita.

Érase una niña que se llamaba Caperucita. Un día…

Y colorín, colorado, este cuento se ha acabado.

Atención

- La segunda persona del singular no lleva **-s**.
    comist**e** / bebist**e**
- Tercera persona del singular y plural.
    Si la raíz del verbo termina en vocal, se cambia la **i** por **y**.

-ió	→ -**y**ó	ca**y**ó	(caió)
-ieron	→ -**y**eron	ca**y**eron	(caieron)

- En ocasiones el acento es la única forma de diferenciar el indefinido de otros tiempos verbales.

presente	indefinido
hablo	habl**ó**
canto	cant**ó**

Muchos de los verbos irregulares en el indefinido tienen una raíz irregular:

saber	s**up**e	estar	est**uv**e
poder	p**ud**e	decir	d**ij**e
tener	t**uv**e	hacer	h**ic**e (h**iz**o)

ir / tener tienen la misma forma en indefinido: *fui, fuiste, fue, fuimos, fuisteis, fueron.*

Todos estos verbos irregulares tienen una terminación especial en el indefinido:

		Estar
yo	**-í**	est**uv**e
tú	**-iste**	est**uv**iste
él, ella, usted	**-ió**	est**uv**o
nosotros /-as	**-imos**	est**uv**imos
vosotros /-as	**-isteis**	est**uv**isteis
ellos, ellas, ustedes	**-ieron**	est**uv**ieron

Gra. IV. 7

25. Pregunta a un compañero qué hizo ayer, el fin de semana pasado, el mes pasado, el año pasado, en Navidad... ¿En qué coincidís?

 26. Hablad de lo que sentisteis cuando:

▶ llegasteis a España.

▶ vinisteis por primera vez al insti.

▶ conocisteis a vuestros compañeros.

▶ fuisteis al colegio por primera vez.

▶ la primera vez que fuisteis a una discoteca.

Mañana vamos a ir a las rebajas

 27. Escucha la conversación entre estas chicas. ¿Crees que se van a ir juntas de compras o no?

● ¿Qué vas a hacer mañana?

○ ¿Mañana? ¡Mañana voy a arreglar mi habitación!

● ¿Y eso?

○ Mi madre…, que insiste... Y tú, ¿qué vas a hacer?

● Voy a ver ordenadores en las rebajas.

○ ¿Te vas a comprar uno?

● Sí, sí creo. Están a mitad de precio.

○ Y ¿a qué hora te vas a ir?

● A las diez o diez y media.

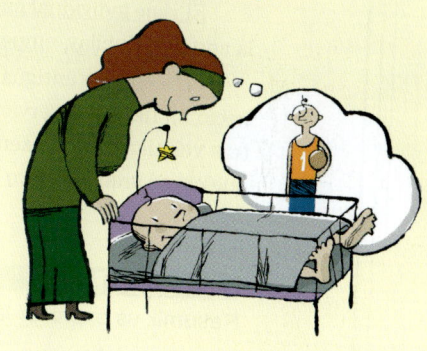

PARA HABLAR DE PLANES E INTENCIONES

Ir + a + infinitivo

Presente Ir	voy vas va vamos vais van	a	viajar estudiar ser ...

También usamos esta construcción para hablar de hechos futuros que consideramos evidentes o lógicos que ocurran.

Este niño **va a ser** muy alto.

 28. Pregunta a tus compañeros sobre los planes que tienen para el fin de semana, las próximas vacaciones, el verano, el próximo año... ¿Con quién coincides?

10 LOS VIAJES COMERCIALES EN LA EDAD MEDIA

Marco Polo con Kubilay.

Durante la Edad Media, los caminos europeos estuvieron mucho más frecuentados que en épocas anteriores por motivos comerciales, militares o religiosos.

Los comerciantes viajaban de día y en grupo para protegerse de los salteadores y los lobos. Los caminos seguían las antiguas vías romanas y eran frecuentes los peajes para pasar vados o puentes o para cruzar señoríos y ciudades.

Los ríos eran las vías comerciales por excelencia. La navegación marítima se realizaba sin perder de vista la costa.

Los viajes eran muy lentos. De Córdoba a Toledo, a pie, se tardaba 20 días, a una media de entre 20 y 30 km diarios. Desde Venecia a Palestina por mar se podía tardar hasta 50 días.

El viaje individual más conocido en la Edad Media fue el del joven comerciante veneciano Marco Polo a la corte de Kubilay, emperador mogol de China, emprendido en el siglo XIII.

Siguiendo la antigua ruta de la seda, Marco Polo tardó tres años en ir de Venecia a Pekín. Allí permaneció un tiempo al servicio del emperador. En 1293 abandonó China, llegando a Venecia dos años después, tras veinticinco de ausencia. Relató las peripecias de su viaje en el *Libro de las maravillas del mundo*, que causó gran asombro en la época.

Geografía e Historia de 2.º ESO, Ed. Anaya (texto adaptado).

EL RESUMEN

Resumir es expresar las ideas fundamentales de un texto. Es muy útil para estudiar.

Para resumir hay que:
- a) Leer atentamente el texto.
- b) Identificar el tema.
- c) Subrayar la idea principal de cada párrafo.
- d) Escribir cada idea principal en una frase.
- e) Escribir el resumen con todas las frases escritas.

1 ¿Cuál es el tema de este texto? ....

2 ¿Cuántos párrafos tiene este texto? ¿Cuántas ideas principales hay?
....

3 Escribe las ideas principales del texto. Puedes empezar con éstas:

➤ En la Edad Media los caminos europeos estaban muy transitados.

➤ Los caminos seguían las vías romanas.

➤ Los ríos eran las vías comerciales más importantes.

➤ ....

➤ ....

➤ ....

4 Ahora completa el resumen sin olvidar añadir los enlaces que necesites.

➤ En la Edad media los caminos europeos estaban muy transitados. **Algunos** seguían las vías romanas, **pero** los ríos eran las vías comerciales más importantes...
....
....

160

1. Escucha y lee estas palabras.

papá, **p**a**p**el, **p**eso, **p**iso, **p**uro, ca**p**a, co**p**o, a**p**ostar, a**p**arecer, ex**p**erimento, **pl**aneta, **pl**egar, **pl**iegue, **pl**omo, **pl**uma, com**pl**ejo, multi**pl**icar, **pr**acticar, **pr**egunta, **pr**imero, **pr**ofesor, **pr**ueba, com**pr**ar, a**pr**endizaje, a**pr**obar

Fíjate en que en español el sonido **[p]** se representa con la letra **P, p** y se pronuncia cerrando los labios e impidiendo el paso del aire. Este sonido puede aparecer solo (**p**iso) o con **r** y **l** (**pl**aneta, **pr**egunta).

2. Escribe seis palabras que:

a) Empiecen por **p, pr, pl**: *papel, pronunciar, placa…*

b) Que tengan **p, pr, pl** en el interior de palabra: *imposible, sorpresa, múltiplo…*

c) Díctaselas a tu compañero.

3. Escucha y escribe *p, pl* o *pr.*

…ul..a	…ancha	nai…e	de…isa	…astel
cam…o	…ima	lim…io	…ano	…aza
…esente	…e…osición	rom…er	am…ia	…ez
…elo	ma…a	de…orte	so…a	

Lee en voz alta las palabras anteriores.

4. Escucha y lee en voz alta estas palabras.

bar, **va**ca, **va**so, **ve**o, **be**so, **vi**no, **bo**ta, **bo**ca, **ho**m**bre**, i**nve**nto, ca**b**eza, la**v**ar, lo**b**o, cal**v**o, ár**b**ol, hier**b**a, **br**isa, **bl**anco, bi**bl**ioteca

Fíjate en que el sonido **[b]** se representa en español con dos letras **B, b** y **V, v** y se pronuncia de dos formas:

a) En principio de palabra o después de *n* y *m* se pronuncia cerrando totalmente los labios: **be**so, **va**so, **vi**no, ho**mbre**, i**nv**ento.

b) Cuando va detrás de vocal o de otras consonantes: lo**b**o, la**v**ar, ár**b**ol.

Puede aparecer con las consonantes **r, l**: **br**isa, **bl**anco, bi**bl**ioteca.

5. Escucha y escribe estas palabras.

....

....

6. Escucha y numera las siguientes palabras.

par	baño	velo	bar	paño
beso	pata	pelo	bata	peso

7. Subraya la palabra que oigas.

boca / poca	paso / vaso	barra / parra	bolo / polo
vino / pino	vela / pela	besa / pesa	basta / pasta

Trabalenguas

¿Por qué no lo dices?

Yo compré pocas copas,
pocas copas yo compré,
como yo compré pocas copas,
pocas copas yo pagué.

Pablito clavó un clavito, ¿qué clavito clavó Pablito?

Pronunciación pág. 141

ACTIVIDAD GLOBAL

Elegid un regalo para un amigo o amiga. Para ello:

- Tenéis una cantidad de dinero que habéis puesto entre todos para comprar el regalo de cumpleaños de un amigo o amiga.
- Poneos de acuerdo en el regalo que vais a comprar.
- Buscad información sobre precios en folletos, tiendas del barrio, direcciones de Internet de grandes superficies…
- Comparad precios, calidades…
- Informaos sobre la garantía, el periodo de devolución…
- Y ahora ponedlo en común.

Apéndice Gramatical

I. Ortografía y pronunciación

1 PRONUNCIACIÓN

▶ La **H** no se pronuncia en español.

▶ La **G** representa dos sonidos diferentes:
- G + e/i   [xe], [xi]

   ge**nte**, **gi**ra
- G + a, ue, ui, o, u   [ga], [ge], [gi], [go], [gu]

   gato, **go**ma, **gui**tarra, **gue**rra

- Los sonidos [gue], [gui] se escriben **güe**, **güi**: ci**güe**ña. La diéresis (¨) indica que la **u** se pronuncia.

▶ La **C** representa dos sonidos distintos:
- C + a, o, u   [ka], [ko], [ku]

   casa, **c**olegio, **c**ubo
- C + e, i: se pronuncia como **z** (y como **s** en el sur de España e Hispanoamérica).

   ceja, **c**ielo

▶ La **R** puede representar:
- [rr]   al principio de palabra: **r**ío, **r**osa

   detrás de las consonantes l, n, m y s: En**r**ique, al**r**ededor
- [r]   ai**r**e, ca**r**o

▶ La **RR** siempre representa el sonido [rr]. Solamente se escribe así entre vocales:

   pe**rr**o, ma**rr**ón

2 ORTOGRAFÍA

▶ **B**
- Se escribe con **b,** delante de otra consonante:

   li**b**ro, **b**lanco, po**b**re, bi**b**lioteca
- Después de **m**:

   cam**b**io, hom**b**re

Después de **n** se escribe siempre **v.**
en**v**ío, con**v**ersar

II. El género

1 Suelen ser de género masculino los sustantivos que:

▶ acaban en **-o:** el pe**rr**o, el ga**t**o, el li**b**ro, el abri**g**o

Excepto: la mano, la moto, la foto, la radio…

▶ terminan en **-or:** el profes**or**, el doct**or**, el ciclomot**or**

Excepto: la flor…

▶ muchos de los acabados en **-aje:** el via**j**e, el tra**j**e

2 Suelen ser femeninos los sustantivos que terminan:

- en -**a**: la cartera, la mesa, la pizarra
- en -**dad** y en -**tad**: la igualdad, la amistad...
- en -**ción**, -**sión** o -**zón**: la lección, la televisión, la razón
- en -**ez**: la vejez, la niñez
- en -**tud**: la juventud

Excepto: el teorema, el problema, el planeta, el sistema...

3 Cada vez es más frecuente el uso de nombres de profesiones diferenciados en masculino y femenino:

el ministro / la ministra   el conductor / la conductora

el médico / la médica   el minero / la minera

4 Casos especiales en el género de personas y animales:

- Hay casos en los que existe una palabra diferente para cada sexo:

hombre / mujer   caballo / yegua

5 Hay casos en los que existe una única palabra para los dos sexos:

el / la cantante   el / la artista   el / la testigo

	NO		NO

el cocodrilo (la cocodrilo)   la jirafa (el jirafa)

el pulpo   la hormiga

el caracol   la tortuga

III. El número

▪ Además de la norma general (vocal + s / consonante + es) hay que tener en cuenta que:

- Las palabras terminadas en -**í** o -**ú** acentuadas pueden formar el plural añadiendo -**es**:

iraquíes, marroquíes, bantúes

- Si la palabra termina en vocal sin acentuar + **s**, el plural no cambia:

el / los lunes, el / los paraguas

acento

- Algunas palabras se usan normalmente en singular y otras en plural:

la sed, la gente, el norte, el sur

los pantalones, las tijeras, las gafas

1 El infinitivo en español tiene tres terminaciones según la vocal en la que termine: -**ar, -er, -ir.**

2 Para conjugar un verbo **regular**, se cambia la terminación del infinitivo por las terminaciones del tiempo correspondiente.
Algunas terminaciones son siempre las mismas y se repiten en todos los tiempos menos en el imperativo:

Terminaciones	
Yo	vocal
Tú	-s
Él / ella / usted	vocal
Nosotros / nosotras	-mos
Vosotros / vosotras	-is
Ellos / ellas / ustedes	-n

Menos en pretérito indefinido.

3 Las terminaciones del **Presente** son:

Terminaciones del Presente			
	-ar	**-er**	**-ir**
Yo	-o	-o	-o
Tú	-as	-es	-es
Él / ella / usted	-a	-e	-e
Nosotros / nosotras	-amos	-emos	-imos
Vosotros / vosotras	-áis	-éis	-ís
Ellos / ellas / ustedes	-an	-en	-en

▶ La marca de primera persona es igual en las tres conjugaciones -**o.**

▶ Las terminaciones de los verbos en -**er** e -**ir** son iguales, menos para *nosotros* y *vosotros*.

▶ El acento está siempre en la raíz del verbo, salvo en *nosotros* y *vosotros*:

> como
> comen   comemos
> habla   habláis
> llamas

▶ En el verbo *estar* el acento se desplaza a la terminación:

> estoy   está   estáis
> estás   estamos   están

4 **1.** Hay verbos que se conjugan de forma distinta: son **irregularidades.** La mayor parte de las irregularidades se relaciona con la raíz del verbo. Se produce un cambio en la última vocal de la raíz cuando recibe el acento tónico:

	Cambios			
	e → ie **Querer**	o → ue **Poder**	u → ue **Jugar**	e → i **Pedir**
Yo	qu**ie**ro	p**ue**do	j**ue**go	p**i**do
Tú	qu**ie**res	p**ue**des	j**ue**gas	p**i**des
Él / ella / usted	qu**ie**re	p**ue**de	j**ue**ga	p**i**de
Nosotros / nosotras	queremos	podemos	jugamos	pedimos
Vosotros / vosotras	queréis	podéis	jugáis	pedís
Ellos / ellas / ustedes	qu**ie**ren	p**ue**den	j**ue**gan	p**i**den
Otros verbos	*cerrar* *comenzar* *empezar* *entender* *perder* *pensar...*	*encontrar* *volver* *dormir* *recordar...*		*competir* *reír* *servir...*

2. Hay un grupo de verbos en los que la irregularidad está en la primera persona:

	Hacer	**Poner**	**Salir**	**Valer**	**Saber**	**Ver**	**Dar**	**Traer**	**Caer**
Yo	ha**go**	pon**go**	sal**go**	val**go**	s**é**	v**e**o	do**y**	tra**igo**	ca**igo**
Tú	haces	pones	sales	vales	sabes	ves	das	traes	caes
Él / ella / usted	hace	pone	sale	vale	sabe	ve	da	trae	cae

3. Otros verbos con irregularidad en la primera persona son los terminados en **-acer**, **-ecer**, **-ocer** y **-ucir**:

	Parecer	**Conocer**	**Producir**	**Nacer**
Yo	pare**z**co	cono**z**co	produ**z**co	na**z**co
Tú	pareces	conoces	produces	naces
Él / ella / usted	parece	conoce	produce	nace

4. Un grupo de verbos que terminan en vocal + ir, cambian la **i** en **y.**

	Huir	**Concluir**
Yo	hu**y**o	conclu**y**o
Tú	hu**y**es	conclu**y**es
Él / ella / usted	hu**y**e	conclu**y**e
Nosotros / nosotras	huimos	concluimos
Vosotros / vosotras	huís	concluís
Ellos / ellas / ustedes	hu**y**en	conclu**y**e

5. Hay verbos con más de un tipo de irregularidad:

	Decir	Oír	Venir
Yo	di**g**o	oi**g**o	ven**g**o
Tú	d**i**ces	o**y**es	v**ie**nes
Él / ella / usted	d**i**ce	o**y**e	v**ie**ne
Nosotros / nosotras	decimos	oímos	venimos
Vosotros / vosotras	decís	oís	venís
Ellos / ellas / ustedes	d**i**cen	o**y**en	v**ie**nen

6. También hay verbos totalmente irregulares:

	Ser	Haber	Ir
Yo	soy	he	voy
Tú	eres	has	vas
Él / ella / usted	es	ha	va
Nosotros / nosotras	somos	hemos	vamos
Vosotros / vosotras	sois	habéis	vais
Ellos / ellas / ustedes	son	han	van

5 En verbos como lavar**se**, peinar**se** (reflexivos) el elemento **se** se añade al infinitivo. Con ellos se indica que la persona que habla realiza una acción sobre sí misma:

Todos los días **me levanto, me ducho, me visto**, desayuno y vengo al instituto.

- sobre una parte de su cuerpo:

Elisa **se pinta** los ojos.

- o sobre lo que lleva o tiene.

Me mancho la ropa cuando como.

▶ Con estos verbos nos referimos también a acciones que dos o más sujetos realizan el uno al otro.

Marisa y Pilar se dan la mano cuando se ven.

6 Usamos el **Pretérito Perfecto** para hablar de un hecho pasado que nos interesa en relación con:

- la situación actual:

Qué mayor te has hecho, Lucía. (ahora ya no es una niña)

- un momento actual: *hoy, esta mañana, esta tarde, este fin de semana, este mes, este verano…*

Este año he hecho muchos amigos.

Está en noviembre. Falta un mes para terminar el año.

Siempre	Muchas veces
Nunca	En los últimos días / meses / años…
Alguna vez	Desde el martes…

7 **1.** Los verbos irregulares en **Indefinido** añaden una terminación especial:

		Andar	**Poner**	**Venir**
Yo	-e	est**uve**	p**use**	v**ine**
Tú	-iste	est**uviste**	p**usiste**	v**iniste**
Él / ella / usted	-o	est**uvo**	p**uso**	v**ino**
Nosotros / nosotras	-imos	est**uvimos**	p**usimos**	v**inimos**
Vosotros / vosotras	-isteis	est**uvisteis**	p**usisteis**	v**inisteis**
Ellos / ellas / ustedes	-ieron	est**uvieron**	p**usieron**	v**inieron**

2. Los verbos que terminan en **-ir** y que tienen una **-e** o una **-o** en la raíz presentan una irregularidad especial:

	e → i **Reír**	**o → u** **Dormir**
Yo	re**í**	dorm**í**
Tú	re**íste**	dorm**iste**
Él / ella / usted	r**ió**	d**u**rm**ió**
Nosotros / nosotras	re**ímos**	dorm**imos**
Vosotros / vosotras	re**ísteis**	dorm**isteis**
Ellos / ellas / ustedes	r**i**eron	d**u**rm**ieron**

▶ Otros verbos con este modelo son: *repetir, sentir, mentir, morir, medir...*

▶ Si la raíz acaba en -**j** la tercera persona del plural termina en -**eron**:
di**j**eron, condu**j**eron, tradu**j**eron

▶ Los verbos terminados en -**ducir** forman el Indefinido cambiando en -**duj**-:
Conducir: condu**j**e, condu**j**iste, condu**j**o...
Traducir: tradu**j**o, tradu**j**iste, tradu**j**o...

V. Las horas

▶ *Cuarto* y *media* siempre llevan **y:** las dos **y** media; las dos **y** cuarto.
▶ El día se divide en períodos de doce horas y cuando hablamos nos referimos a:

	madrugada / mañana	tarde	noche
Las dos / tres... de la	Las dos de la mañana	Las tres de la tarde	
Las diez / once... de la			Las diez de la noche

VI. Hay / estar

▶ **Hay** se combina con elementos que se utilizan para referirse a objetos no identificables por la persona con quien hablamos:
En Marruecos hay **muchas** ciudades importantes, Ø monumentos famosos, Ø playas...
En mi barrio hay **una** farmacia, **un** supermercado, **una** librería y **un** kiosco.

▶ **Estar** sirve para hablar de objetos que se pueden identificar; se combina con artículos...
Al lado de la farmacia está **el** supermercado.
¡Mamá! ¿Dónde están **mis** libros?

VII. Imperativo

▶ El **Imperativo** se utiliza para dar instrucciones, mandar, ordenar, aconsejar, invitar, conceder permiso...

▶ En la lengua hablada, frecuentemente se usa mal la forma del infinitivo usándola como imperativo:
¡Trabaja~~r~~! No quiero repetirlo. / Trabaja**d**, que mañana hay una excursión...

▶ Para *usted* y *ustedes* se utilizan, respectivamente, la primera persona del singular y la primera del plural del presente de subjuntivo:

		-ar	-er / -ir
(usted) (ustedes)	raíz +	-e -en	-a -an

<u>Cruc</u>e la calle y <u>tom</u>e la primera a la derecha.
Mejor que <u>pregunt</u>en en el quiosco.

VIII. El superlativo

TERMINACIONES EN -ÍSIMO / A / OS / AS

▶ Hay adjetivos que ya poseen un grado alto de intensidad, por lo que no necesitan estas terminaciones.

Son: precioso, horrible, magnífico, estupendo, espantoso o maravilloso.

▶ También hay casos especiales en los que las terminaciones no se combinan sin más con el adjetivo:

joven → joven**c**ísimo   f**ue**rte → f**o**rtísimo
n**ue**vo → n**o**vísimo   antiguo → anti**qu**ísimo

▶ También:

poco → po**qu**ísimo   cerca → cer**qu**ísima

Lengua de Instrucción

1. Ortografía

1 **Mayúsculas**

- Las palabras escritas en mayúscula también se acentúan:

    Ej.: ÁFRICA / África; PARÍS / París

- Los nombres geográficos se escriben con mayúsculas pero, cuando el artículo forma parte del nombre, también se escribe con mayúsculas:

    Ej.: El Salvador, La Habana, Las Palmas.

- Se escriben con mayúsculas los nombres de las dinastías derivados de un apellido:

    Ej.: Borbones, Austrias…

- Se escriben con mayúsculas el nombre de planetas, estrellas y constelaciones. También el nombre de fiestas, de marcas comerciales…:

    Ej.: Yo quiero viajar a Marte.

    Mañana es el Día de la Constitución.

- Se escribe con mayúscula la primera palabra del título de cualquier obra:

    Ej.: El perro del hortelano; Don Quijote de la Mancha; Rimas.

- Se escribe con mayúsculas los nombres de épocas, movimientos culturales…:

    Ej.: la Prehistoria, el Renacimiento.

2 La **ch** y la **ll** se encuentran en el diccionario dentro de la C y de la L:

    C (entre -cg- y -ci-)

    L (entre -lk- y -lm-)

Se escriben con **b**:

- Los verbos terminados en *-bir:*

    Ej.: Escribir.

    | Excepto *hervir, vivir* y *servir.* |

- Los verbos de**ber**, be**ber**, ca**ber**, sa**ber** y ha**ber**.

- Las palabras que empiezan por *bu-, bur-* o *bus-*.

    Ej.: Busca, burla, bueno.

Se escriben con **v**:

- Los adjetivos terminados en *-avo, -ava, -evo, -eva, -eve, -ivo, -iva.*

    Ej.: Octavo, nueva, activo.

- Los verbos acabados en *-olver:*

    Ej.: Volver, disolver…

G

Se escriben con **g**:

- Las palabras que terminan en *-gélico, -genario, -géneo, -génico, -genio, -génito, -gesimal, -gésimo, -gético.*

    Ej.: Homogéneo, sexagesimal, ingenio, vigésimo...

- Las palabras que empiezan por *geo-* y las que terminan en *-logía, -gogia* o *-gogía.*

    Ej.: Geografía, geología, pedagogía...

H

Se escriben con **h**:
- Las formas de los verbos: *haber, hacer, hallar, hablar, habitar.*

    Ej.: Hago, hablo, hallamos...

- Las palabras que empiezan por *ia-, ie-, ue-* y *ui-:*

    Ej.: Huele, huevo...

2. Signos de puntuación

1 **La coma**

Indica una pausa breve. Se usa:

a) Para separar los componentes de una enumeración (los dos últimos componentes suelen unirse mediante *y, ni, o).*

   Ej.: Me gustan el arroz, las patatas, los macarrones **y** el pollo.

   En mi instituto no podemos salir a la calle, jugar en los pasillos, entrar tarde a clase **ni** llevar móvil.

b) Después de expresiones que sirven para llamar la atención:

   Ej.: Oye, ¿me dejas la calculadora?

   Profe, ya he acabado.

c) Detrás de expresiones como *por ejemplo, por último, además...*

   Ej.: Por ejemplo, Valencia se escribe con *v.*

d) Para separar decimales. Se coloca entre el decimal y el número entero, en la parte inferior.

   Ej.: 12,36 (doce **coma** treinta y seis).

   0,005 (cero **coma** cero, cero, cinco).

2 **El punto y coma**

Indica una pausa más larga que la coma. Después del punto y coma se escribe en minúscula.

3 **El punto**

Hay tres clases de punto:

a) El punto final. Se coloca al final de un texto para indicar su fin.

Ej.: ... Y colorín colorado, este cuento se ha acabado.

Completa este cuadro usando la formas adecuadas del presente del verbo ser.

b) El punto y seguido. Se utiliza para separar oraciones que tratan de lo mismo.

Ej.: Los fines de semana estamos juntos. Los sábados por la mañana paseamos. Por la tarde vamos al cine y a cenar. Los domingos visitamos museos y por la tarde volvemos a casa.

c) El punto y aparte. Separa párrafos para indicar el fin de una idea y el principio de otra.

Ej.: En un lugar de la Mancha de cuyo nombre no quiero acordarme no hace mucho tiempo que vivía un hidalgo (…). Comía más vaca que cordero, (…) y algún pollo los domingos.

Vivían en su casa una ama que tenía más de cuarenta años…

4 **Los puntos suspensivos**

Se utilizan para indicar suspense, para dejar interrumpido algo o cambiar de tema o con valor de etcétera:

Ej.: Algunas ciudades importantes de España son Madrid, Barcelona, Valencia…

Me gusta salir con los amigos, ver la televisión, jugar al baloncesto…

Los puntos suspensivos son solo tres.

5 **Los dos puntos**

Se utilizan en el encabezamiento de cartas, cuando se introduce una explicación o una enumeración y para citar:

Ej.: Querida Luisa:

Ya estoy en Toledo...

Tengo muchos deberes: dos ejercicios de mates, dos de lengua, un trabajo de historia y tres ejercicios de inglés.

Y va y me dice: "Oye, que yo también trabajo".

6 **Signos de interrogación**

En español se usan dos signos de interrogación, el de apertura ¿ y el de cierre ? Tras el signo de interrogación de cierre no se pone un punto; el propio signo actúa como punto. A continuación se escribe con mayúscula:

Ej.: ¿Alguno ha visto a Ibrahim? Tú, Aitor, ¿lo has visto?

Tras el signo de cierre sí se puede utilizar una coma, un punto y coma, dos puntos o puntos suspensivos:

Ej.: ¿Quién ha estudiado?, ¿quién ha hecho los ejercicios?, ¿quién ha hecho algo?

7 Signos de exclamación

También son dos: uno de apertura ¡ y otro de cierre ! Sirven para reproducir expresiones de alegría, dolor, emoción...:

Ej.: ¡Gol! ¡He aprobado! ¡Aitor!

3. Numerales

1 Otros cardinales

Millón solo se emplea cuando hablamos de 1 millón. Cuando nos referimos a más de uno, hablamos de millones:

Ej.: **Un** millón quinientas cincuenta mil personas.

Tres millones de personas.

Millón es un sustantivo masculino, por lo que las centenas que lo acompañan serán también sustantivos masculinos:

Ej.: Doscientos millones.

Cuatrocientos cincuenta millones.

Si a *millón* o *millones* lo acompaña un sustantivo, se añade la preposición *de:*

Ej.: Quinientos millones **de** euros.

Un millón **de** habitantes.

2 Otros ordinales

11.º undécimo	30.º trigésimo
12.º duodécimo	40.º cuadragésimo
13.º decimotercero	50.º quincuagésimo
14.º decimocuarto	60.º sexagésimo
15.º decimoquinto	70.º septuagésimo
16.º decimosexto	80.º octogésimo
17.º decimoséptimo	90.º nonagésimo
18.º decimoctavo	100.º centésimo
19.º decimonoveno	
20.º vigésimo	

En combinación:

21.º vigésimo primero	41.º cuadragésimo primero
22.º vigésimo segundo	42.º cuadragésimo segundo

...

Normalmente, a partir del 10 se evita el uso de ordinales, prefiriéndose el uso de cardinales.

Ej.: Estamos en el piso 12.

3 Multiplicativos

Hay numerales que indican multiplicaciones:

Doble (multiplicamos por dos)

Triple (multiplicamos por tres)

Cuádruple –o cuádruplo– (multiplicamos por cuatro)

Quíntuple –o quíntuplo– (multiplicamos por cinco)

Ej.: El doble de cuatro es ocho.

4 Partitivos

Hay numerales que indican las partes en que dividimos la unidad.

La mayor parte se forman añadiendo la terminación **-avo/ ava**.

Ej.: Octavo, doce**ava**...

El **octavo** mes es agosto.

Numerales partitivos:

1/2 un medio (la mitad)

1/3 un tercio (la tercera parte)

1/4 un cuarto (la cuarta parte)

1/5 un quinto (la quinta parte)

1/6 un sexto (la sexta parte)

1/7 un séptimo (la séptima parte)

1/8 un octavo (la octava parte)

1/9 un noveno (la novena parte)

1/10 un décimo (la décima parte)

5 Decimales

En los números decimales la parte entera se separa de la decimal por una coma que se coloca en la parte inferior del número.

Para leerlos se puede decir la coma separando la parte entera de la decimal:

3,65 (Tres **coma** sesenta y cinco)

También se pueden leer ambas partes sin mencionar la coma:

3,65 (Tres sesenta y cinco)

4. Operaciones matemáticas

1 Suma

Se llama también adición. De forma oral nos referimos a la operación con las expresiones **más** o **y**.

Ej.: (5 + 4 + 8 = 17)

Cinco **más** cuatro **más** ocho, igual a diecisiete.

Cinco **y** cuatro, nueve **y** ocho, diecisiete.

La expresión **más** sirve para indicar también los números positivos.

2 Resta

Se llama también sustracción. De forma oral nos referimos a la operación con la expresión **menos**.

Ej.: $8 - 5 = 3$

Ocho **menos** cinco (igual a) tres.

También con la expresión **menos** nos referimos a los números negativos:

Ej.: $-8 + (-4) = -12$

Menos ocho más **menos** cuatro igual a **menos** doce.

3 Multiplicación

Se suele emplear el término **por**.

Ej.: Nueve **por** cuatro igual a treinta y seis.

$9 \times 4 = 36$

$9 \odot 4 = 36$

$(2 + 4) \, 3 = 18$

4 División

Al dividir de forma oral, la expresión que se usa es **entre** y también, **dividido por**:

Ej.: Doce **entre** tres, cuatro. / Doce **dividido por** tres, cuatro.

$12 : 3 = 4$

En fracciones decimos doce **partido por** tres, igual a cuatro.

$$\frac{12}{3} = 4$$

En fracciones se utilizan los partitivos: $12/9$ = Doce novenos.

Pistas

En los enunciados de los problemas podemos encontrar algunas expresiones que nos indican ya la operación que se tiene que realizar:

Suma o multiplicación: *en total, entre todos, en conjunto...*

Resta: *cuántos... más, cuántos... menos, halla / calcula la diferencia, cuántos quedan...*

División: *cuánto... cada uno (o por), cuántos... cada uno (o por).*

5. Números romanos

Utilizan letras:

I	1
V	5
X	10
L	50
C	100
D	500
M	1.000

Para formar otros números se siguen unas reglas:

1. Una misma letra no se puede repetir más de tres veces seguidas. No se pueden repetir la V, la L ni la D, porque otras letras representan el doble de su valor.

   VIII = 8   XXX = 30

   X = 10   C = 100   M = 1000

2. Una letra a la izquierda de otra de mayor valor se resta. A la derecha se suma.

   IV = 1 − 5 = 4   XL = 10 − 50 = 40   VI = 1 + 5 = 6

Los números romanos se utilizan para:

a) Expresar los siglos:

   Ej.: El siglo XIX (siglo diecinueve).

b) Referirse al nombre de los reyes, papas... Se usan los ordinales hasta el 10.°, después se usan los cardinales:

   Ej.: Fernando VII (Fernando séptimo).
        Alfonso XII (Alfonso doce).

6. Ecuaciones

Un número, sea un número cualquiera: x

El doble de un número: $2x$

La mitad de un número: $1/2\ x$; $x/2$; $x : 2$

El número anterior: $x − 1$

El número posterior: $x + 1$

El opuesto de un número: $−x$

Números consecutivos: x; $x + 1$; $x + 2$

Un número par: $2x$

Números pares consecutivos: $2x$; $2x + 2$; $2x + 4$

Número impar: $2x + 1$

Números impares consecutivos: $2x + 1$; $2x + 3$; $2x + 5$

El triple de un número: $3x$

El cuádruplo: $4x$

La tercera parte de un número: $\frac{1}{3}x$; $\frac{x}{3}$; $x : 3$

La cuarta parte: $1/4\ x$; $x/4$; $x : 4$

El cuadrado de un número: x^2

El cubo de un número: x^3

La raíz cuadrada de un número: $\sqrt{x}$

Hay varios adjetivos y sustantivos relacionados con los puntos cardinales:

	Sustantivo	Adjetivo
Norte	Septentrión*	septentrional
Sur	Mediodía*	meridional
Este	Oriente*	oriental
Oeste	Occidente*	occidental

*Cuando se refieren a puntos cardinales se escriben con mayúsculas:

Ej.: La India es un país que está en **Oriente**.

España es un país de la Europa **meridional**.

También se habla de latitud Norte o Sur y de longitud Este u Oeste.

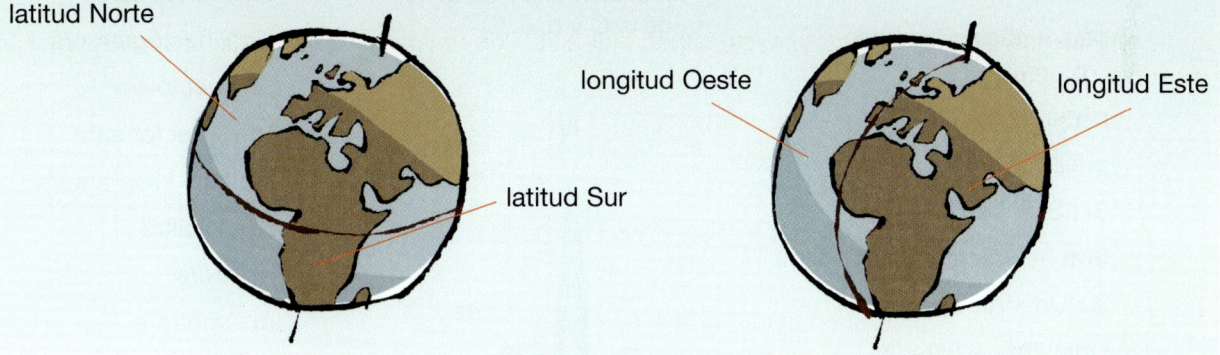

latitud Norte

longitud Oeste

longitud Este

latitud Sur

Los meses del año se emplean sin artículo:

Ej.: Estoy en España desde enero.

Para hablar de fechas se utiliza la preposición *de* + el nombre del mes:

Ej.: Nací el 22 **de** mayo **de** 1993.

Los nombres de las estaciones suelen ir introducidos por artículos. Primavera es femenino:

Ej.:

● El <u>verano</u> es la estación que más me gusta.

○ A mí me gusta mucho **el** <u>invierno</u>.

▽ A mí no. Yo prefiero **la** <u>primavera</u>.

9. Algunas abreviaturas

• Lengua

m. – masculino

f. – femenino

art. – artículo

sust. – sustantivo

adj. – adjetivo

v. – verbo

adv. – adverbio

prep. – preposición

SN – sintagma nominal

SV – sintagma verbal

etc. – etcétera

íd. – ídem

pág. – página (también p.; pg.)

págs. – páginas

p. ej. o ej. – por ejemplo

Sr.; Sra. – señor, señora

Srta. – Señorita

U.; Ud.; Vd, – usted

Uds.; Vds. – ustedes

D. – Don

D.ª – Doña

Ed.; Edit. – editorial

Fdo. – firmado

Dr., Dra. Dr.ª – doctor, doctora

Dir. – dirección

cl.; c/ – calle

izq. – izquierda

n.º o núm. – número

s. n.; s/n – sin número

tel.; teléf.; tfno. – teléfono

TV - televisión

• Sociales

N – Norte

NE – Nordeste

NO – Noroeste

S – Sur

SE – Sudeste

SO – Sudoeste

E – Este

O – Oeste

a. C. – antes de Cristo (también: a. de C.; a. de J. C.; a. J. C.)

d. C – después de Cristo (también d. de C.; d. de J. C y d. J. C)

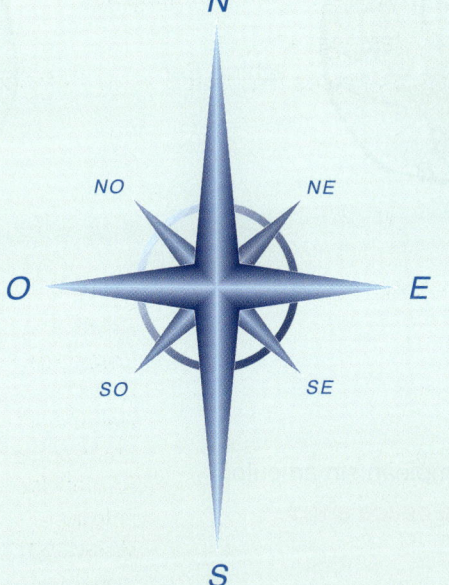

• Matemáticas

cg – centígramo/s

cts. – céntimos

cl – centilitro/s

cm – centímetro/s

Dg – Decagramo/s

dg – decigramo/s

Dl – Decalitro/s

dl – decilitro/s

Dm – decámetro/s

dm – decímetro/s

g – gramo/s

ha – hectárea/s

Hg – hectógramo/s

Hl – hectolitro

Hm – hectómetro

k o kg – kilogramo/s

Kl – kilolitro

l – litro/s

m – metro/s

mg – miligramo/s

Mm – miriámetro/s

mm - milímetro/s

% – por ciento

Tm – tonelada métrica

Adena	Asociación Para la Defensa de la Naturaleza.
SIDA	Síndrome de Inmunodeficiencia Adquirida.
ATS	Ayudante Técnico Sanitario.
CAM	Comunidad Autónoma de Madrid.
COI	Comité Olímpico Internacional.
CV	Caballos de Vapor.
DNI	Documento Nacional de Identidad.
EEUU	Estados Unidos de América.
ESO	Educación Secundaria Obligatoria.
FAO	Organización de las Naciones Unidas para la Agricultura y la Alimentación.
Icona	Instituto Nacional Para la Conservación de la Naturaleza.
Inem	Instituto Nacional de Empleo.
Insalud	Instituto Nacional de la Salud.
Inserso	Instituto Nacional de Servicios Sociales.
IPC	Índice de Precios al Consumo.
IVA	Impuesto sobre el Valor Añadido.
MEC	Ministerio de Educación y Cultura.
OCU	Organización de Consumidores y Usuarios.
ONCE	Organización Nacional de Ciegos Españoles.
ONU	Organización de Naciones Unidas.
OPEP	Organización de los Países Exportadores de Petróleo.

11. Comunidades Autónomas

COMUNIDAD AUTÓNOMA	CAPITAL
1. Andalucía	Sevilla
2. Aragón	Zaragoza
3. Principado de Asturias	Oviedo
4. Islas Baleares	Palma
5. Comunidad de Canarias	Las Palmas de G. Canaria y Sta. C. de Tenerife
6. Cantabria	Santander
7. Castilla-La Mancha	Toledo
8. Castilla y León	Valladolid
9. Cataluña	Barcelona
10. Extremadura	Mérida
11. Galicia	Santiago de Compostela
12. La Rioja	Logroño
13. Comunidad de Madrid	Madrid
14. Región de Murcia	Murcia
15. Comunidad Foral de Navarra	Pamplona-Iruña
16. País Vasco	Vitoria-Gastéiz
17. Valencia	Valencia
Ciudad Autónoma de Ceuta	
Ciudad Autónoma de Melilla	

Vocal i

Vocal e

Vocal o

Vocal u

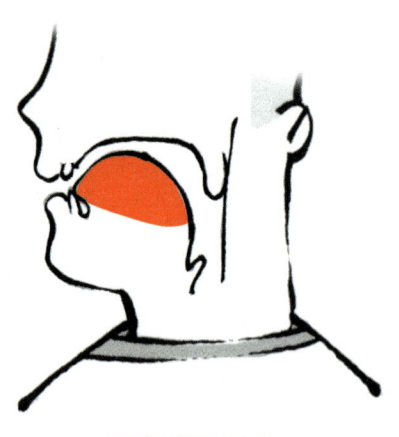

Vocal i

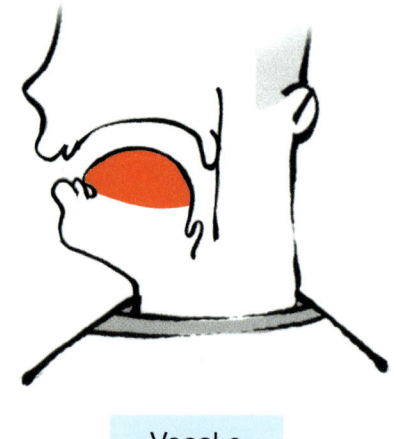

Vocal e

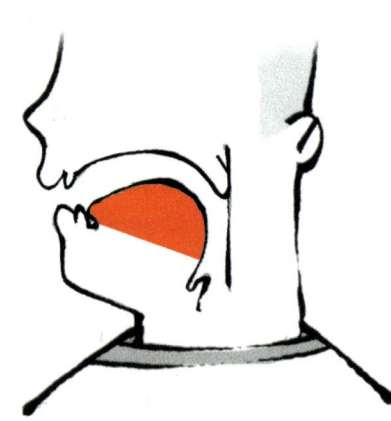

Vocal o

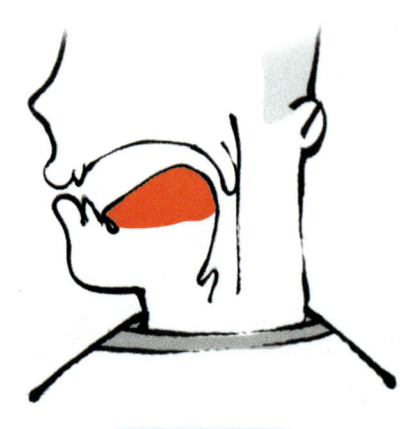

Vocal u

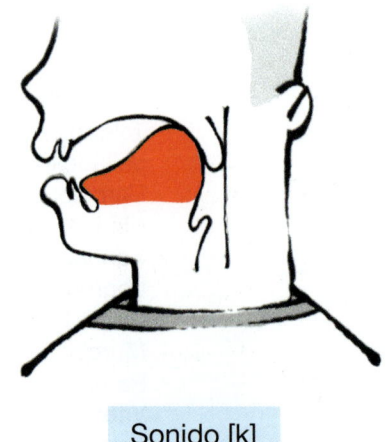

Sonido [k]

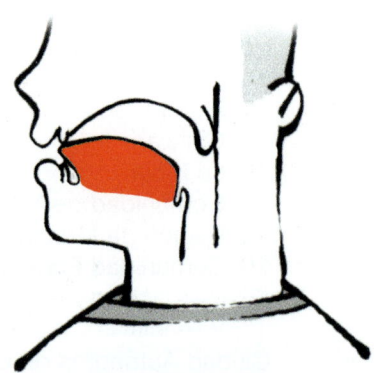

Sonido [θ]

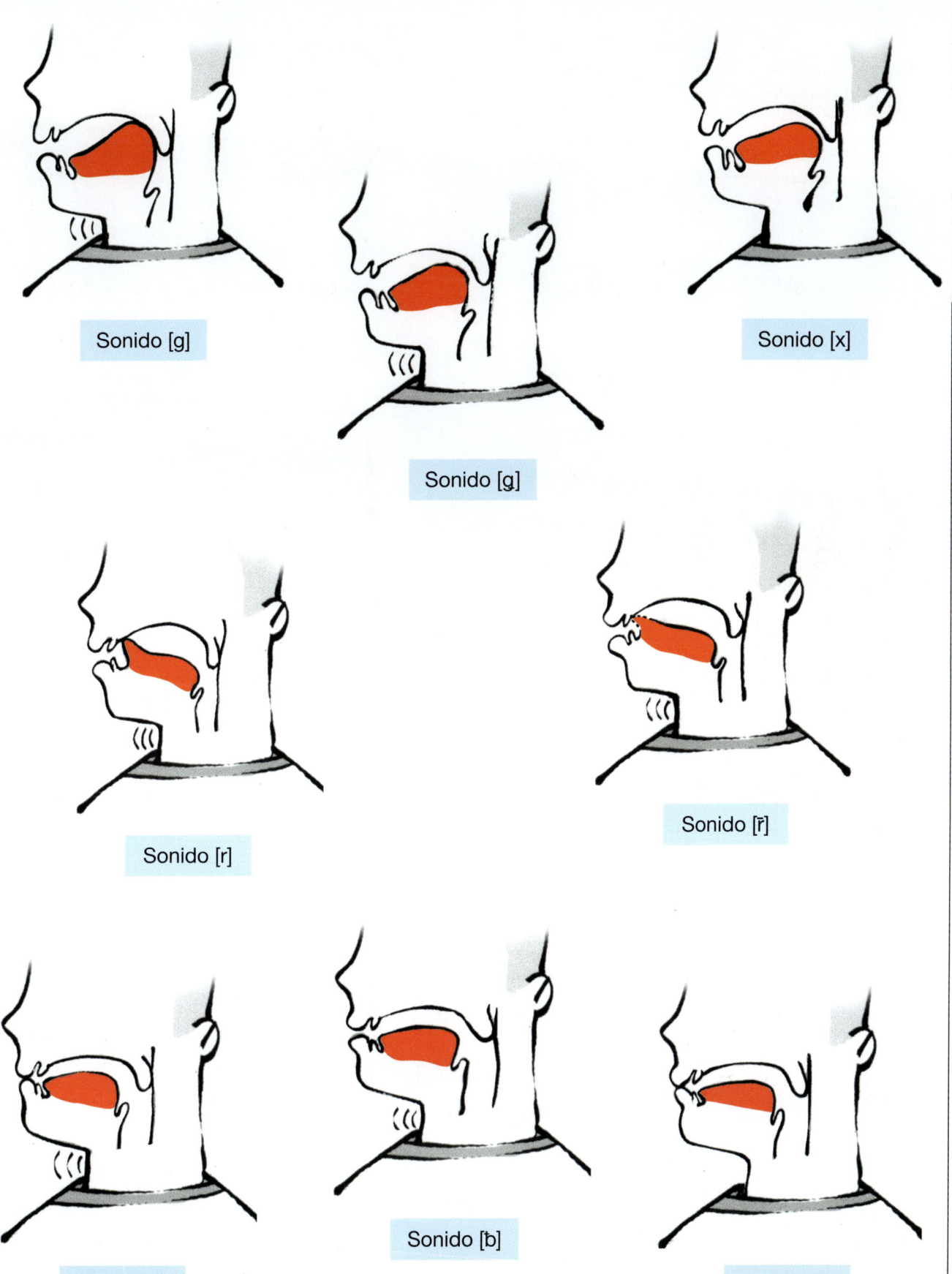

Sonido [g]

Sonido [g]

Sonido [x]

Sonido [r]

Sonido [r̄]

Sonido [b]

Sonido [b̄]

Sonido [p]

Glosario Ilustrado

El aula

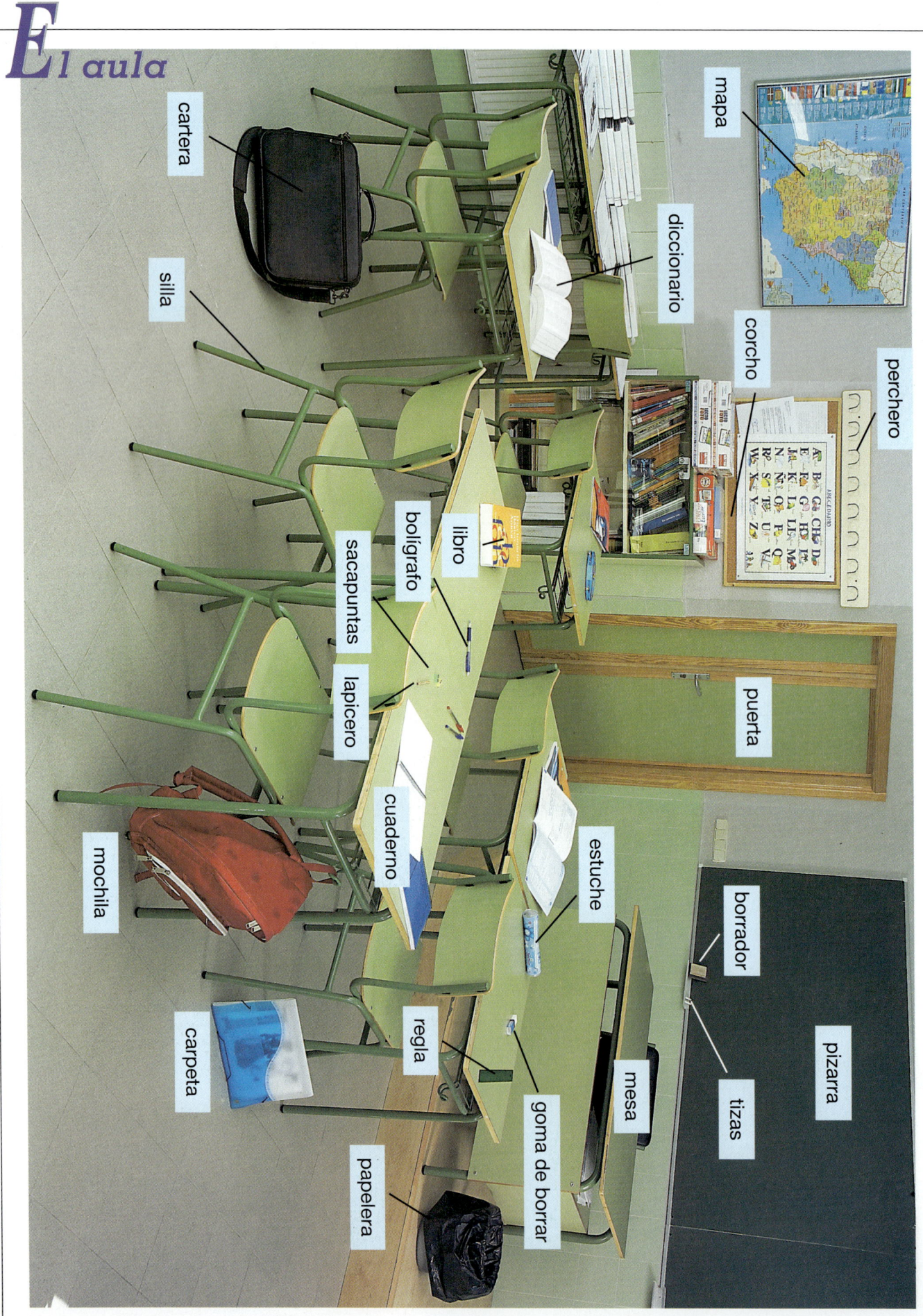

mapa

cartera

diccionario

silla

corcho

perchero

bolígrafo

libro

sacapuntas

lapicero

puerta

cuaderno

mochila

estuche

borrador

pizarra

carpeta

regla

goma de borrar

mesa

tizas

papelera

*L*a ciudad (I)

plaza

calle

esquina

avenida

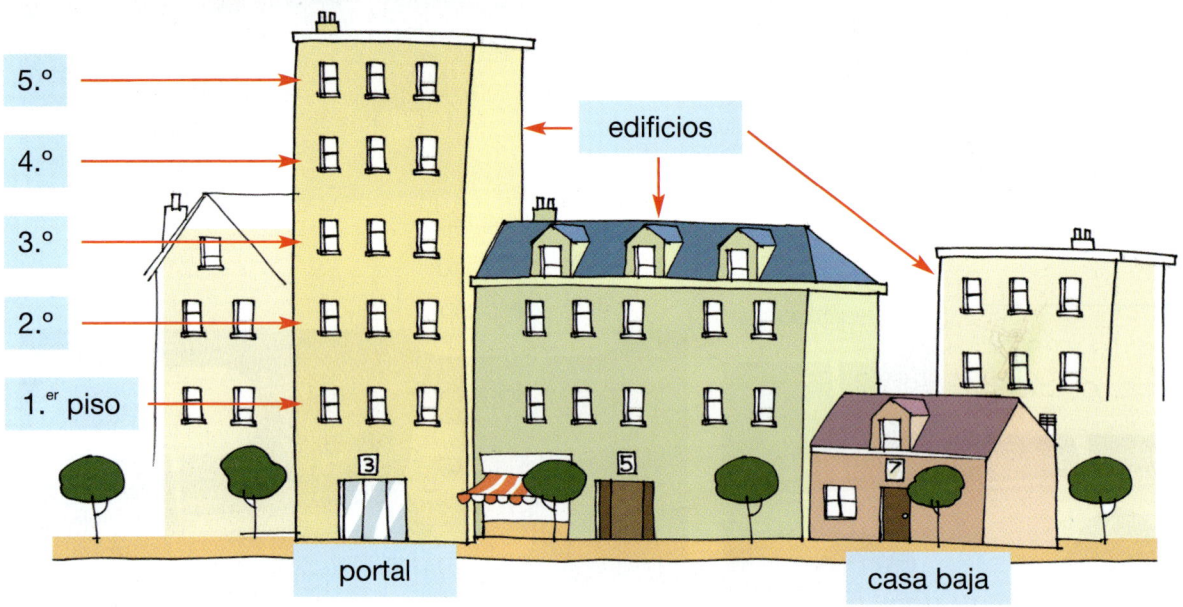

5.º

4.º

3.º

2.º

1.er piso

edificios

portal

casa baja

IZQUIERDA

DERECHA

A

B

Mi instituto

servicios de chicos

servicios de chicas

aula de informática

salón de actos

gimnasio

aula de música

sala de profesores

cafetería

conserjería

laboratorio

secretaría

patio

segunda planta

aula de clase

primera planta

escaleras

planta baja

Localización

a la izquierda (de)

al lado (de)

dentro (de)

fuera (de)

detrás (de)

aquí

entre

delante (de)

debajo (de)

ahí

encima (de)

a la derecha (de)

allí

enfrente (de)

Billetes y monedas de euro

billete de 5

billete de 10

billete de 20

billete de 50

billete de 100

billete de 200

billete de 500

moneda de 1

moneda de 2

Fracciones

moneda de 1 céntimo

moneda de 2 céntimos

moneda de 5 céntimos

moneda de 10 céntimos

moneda de 20 céntimos

moneda de 50 céntimos

Carácter

perezoso

desordenado

ordenado

presumido

estudioso

simpático

antipático

aburrido

tímido

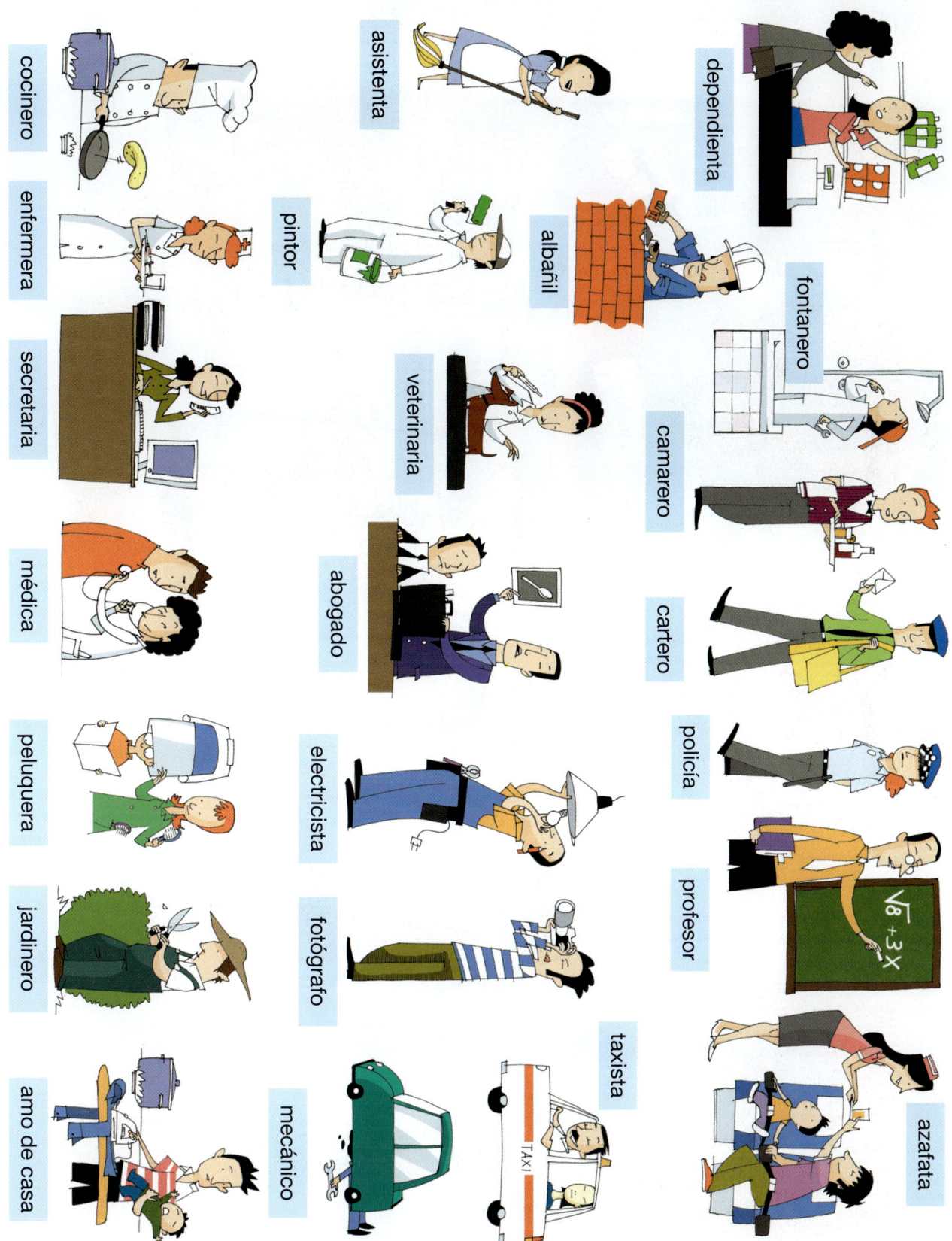

Profesiones

cocinero

asistenta

dependienta

enfermera

pintor

albañil

fontanero

secretaria

veterinaria

camarero

médica

abogado

cartero

peluquera

electricista

policía

jardinero

fotógrafo

profesor

taxista

amo de casa

mecánico

azafata

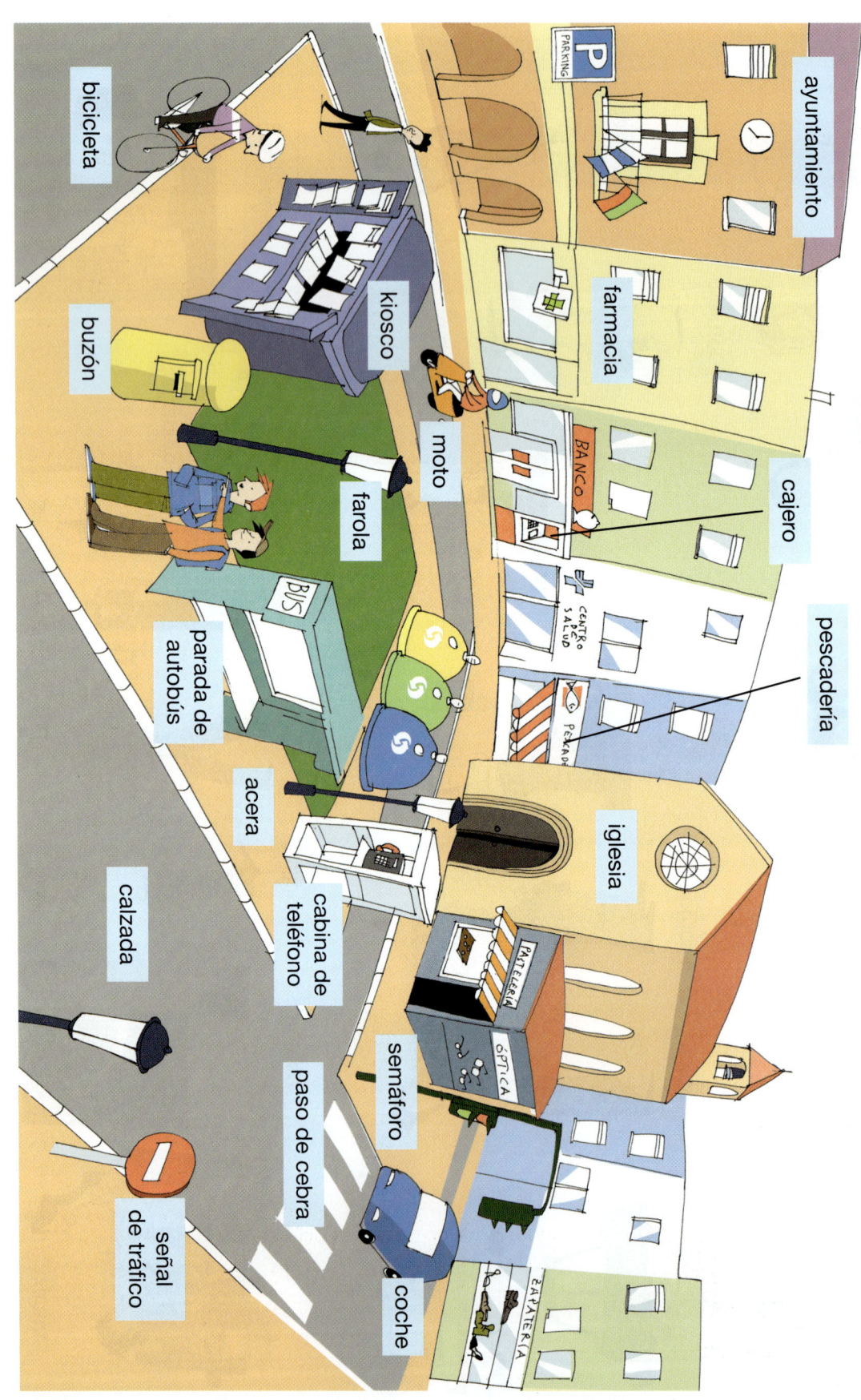

bicicleta

kiosco

buzón

farola

moto

parada de autobús

acera

cabina de teléfono

calzada

semáforo

paso de cebra

señal de tráfico

coche

ayuntamiento

farmacia

cajero

pescadería

iglesia

Frutas y verduras

ciruelas

cerezas

mandarinas

pera

sandía

piña

melón

fresas

albaricoques

aguacates

higos

coco

melocotón

plátano

manzana

limón

naranja

lechuga

guisantes

coliflor

repollo

brócoli

judías verdes

acelgas

espinacas

ajo

patata

pimiento

Alimentos

maíz

cebolla

zanahorias

calabaza

champiñón

pepino

espárragos

berenjenas

nabos

tomate

Productos lácteos

mantequilla

leche

queso

yogur

Embutidos

jamón

mortadela

salchichas

chorizo

Legumbres

garbanzos

lentejas

judías blancas

Otros alimentos

arroz

pescado

pasta

huevos

carne

pollo

termómetro

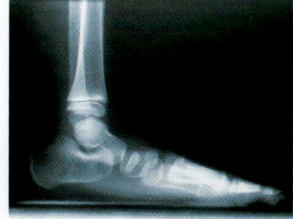

radiografía

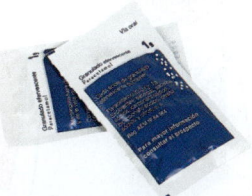

sobres

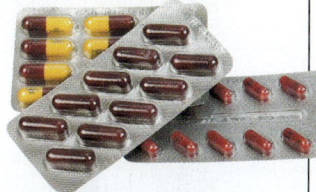

cápsulas

jarabe

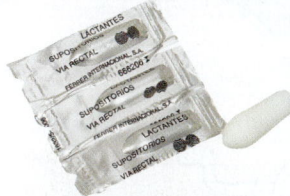

supositorios

pomada

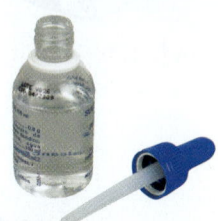

gotas

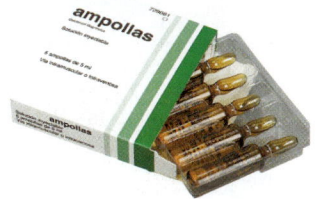

ampollas

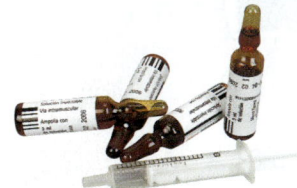

inyección y jeringuilla

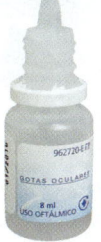

colirio

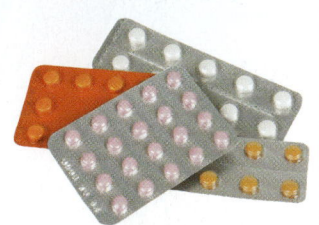

pastillas

bote de orina

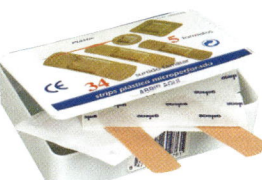

tiritas

esparadrapo

gasas

algodón

alcohol

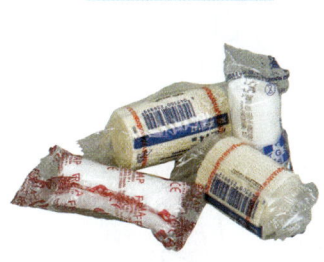

vendas

botiquín

Los colores

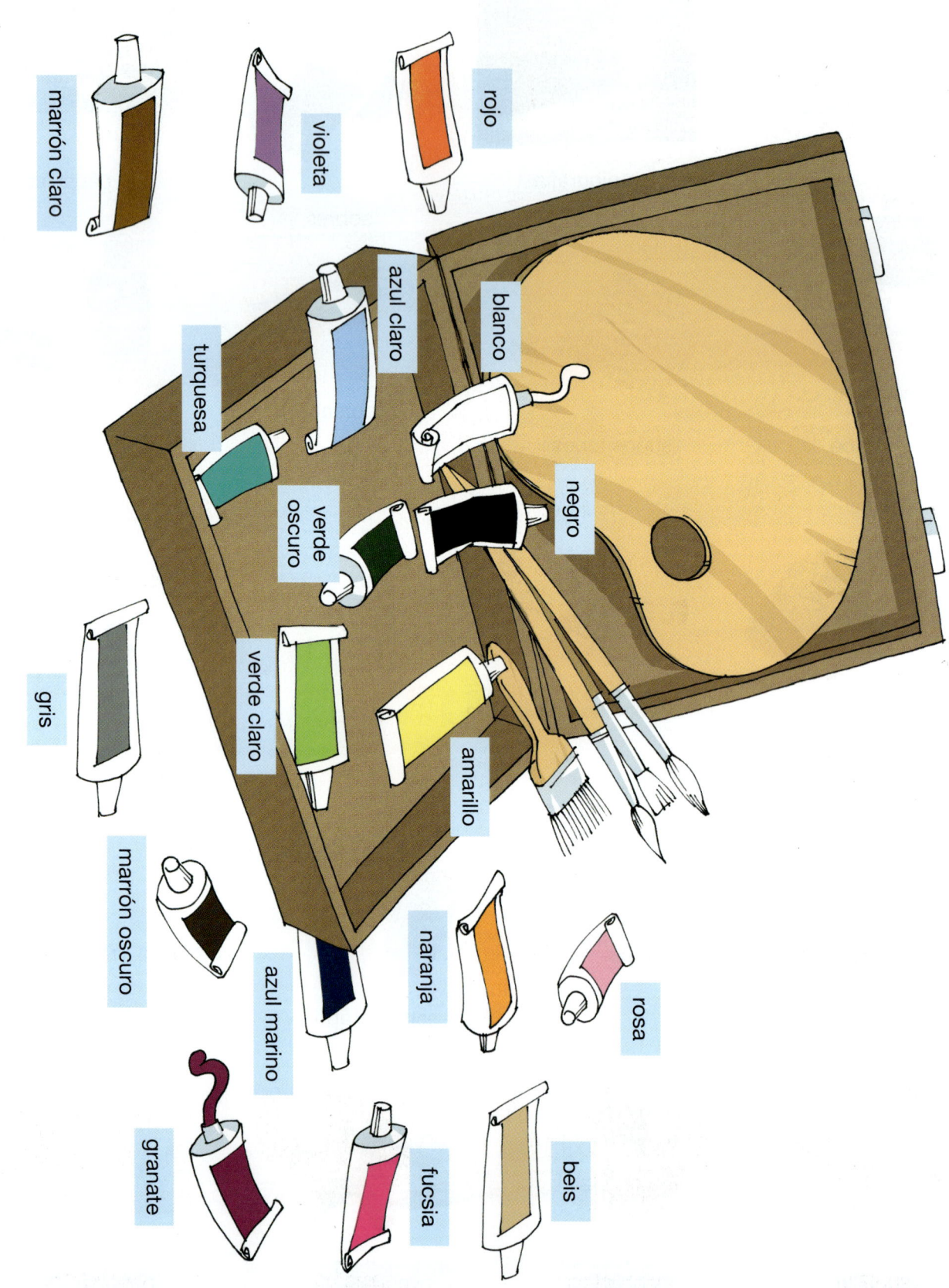

marrón claro

violeta

rojo

azul claro

blanco

turquesa

verde oscuro

negro

gris

verde claro

amarillo

marrón oscuro

azul marino

naranja

rosa

granate

fucsia

beis

Prendas de vestir, calzado y complementos

gafas de sol

gorro

gorra

cinturón

mochila

bolso

pañuelo

botas de vestir

botas de montaña

zapatillas

sandalias

zapatos

deportivas

Prendas de vestir, calzado y complementos

bragas

tanga

sujetador

top

bañador de chico

bañador de chica

bikini

abrigo

camisa

blusa

calcetines

calzoncillos

pantis

chaqueta

anorak

cazadora

sudadera

vestido

vaqueros

jersey

pantalones

chándal

bufanda

falda

camiseta

Acciones

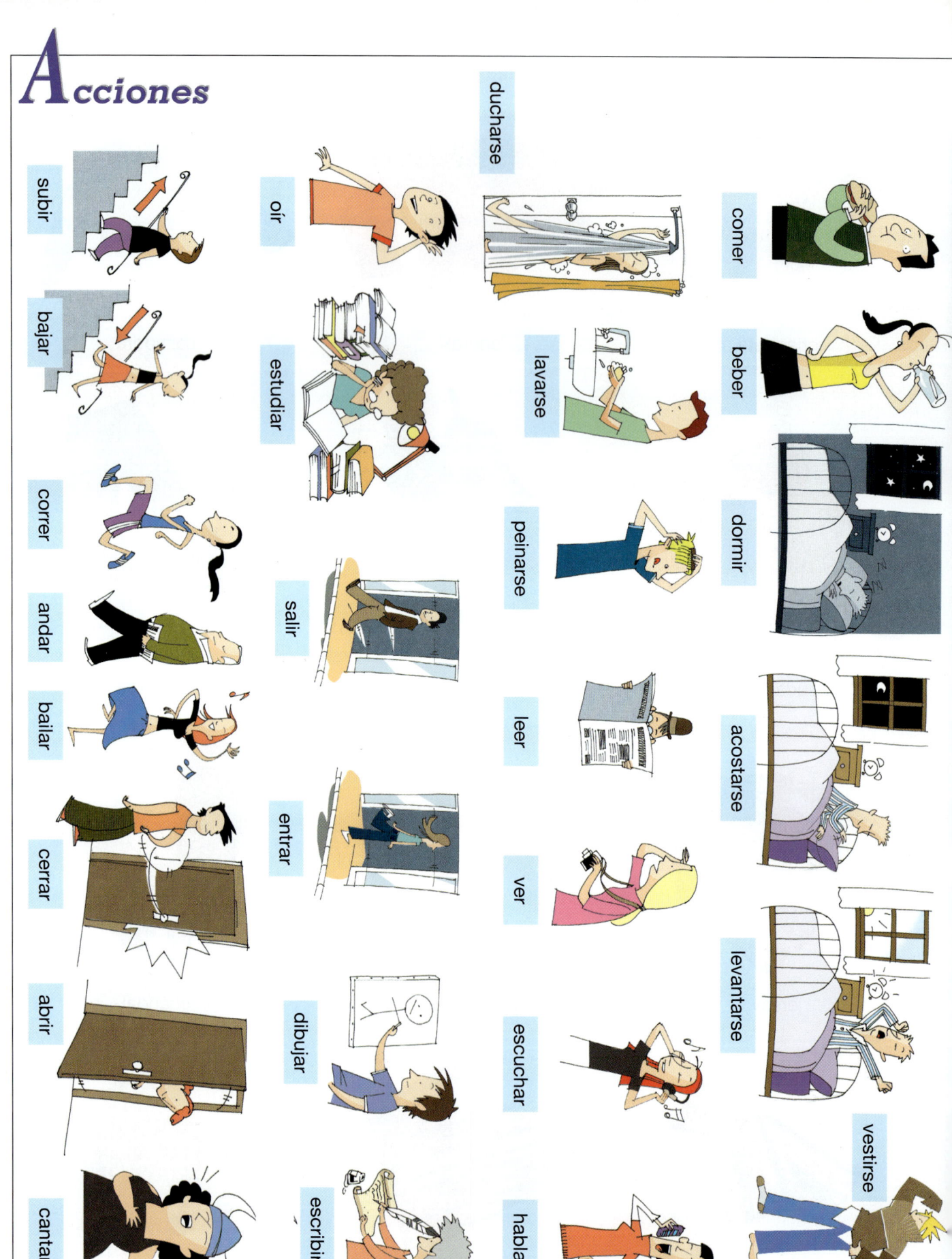

subir

bajar

correr

andar

bailar

cerrar

abrir

cantar

oír

estudiar

salir

entrar

dibujar

escribir

ducharse

lavarse

peinarse

leer

ver

escuchar

hablar

comer

beber

dormir

acostarse

levantarse

vestirse

Transcripciones

TRANSCRIPCIONES

UNIDAD 0

Ejercicio 5

● Esto se llama mesa y esto cuaderno.

○ Más despacio, por favor.

● Esto se llama mesa y esto cuaderno.

● Me llamo Adolfo Fernández.

○ Más alto, por favor.

● Me llamo Adolfo Fernández.

● Las vocales son a, e, i, o, u.

○ ¿Puedes repetir, por favor?

● Sí, las vocales son a, e, i, o, u.

● ¿Qué significa *hola?*

○ Hello.

● Yo soy de Barcelona.

○ ¿Cómo se escribe Barcelona, con *b* o con *v?*

● Con be, con be. Be, a, erre, ce, e, ele, o, ene, a.

Ejercicio 6

● ¿Qué lees?

○ Un libro de español.

▲ ¿Sabes dónde vive Luisa?

△ En la calle Mayor.

● Solo hablan persa Kemal y Rosi.

▼ ¿Y vosotras?

● Nosotras hablamos árabe.

▼ ¿Y vosotras también?

○ No, yo no.

△ Yo hablo un poco.

● Profe, ¿escribimos con boli o con lápiz?

○ Con boli.

Ejercicio 10

1.

● ¡Hola! ¿Qué tal?

○ Muy bien, ¿y tú?

2.

● ¡Hola, Esperanza!, ¿qué tal?

○ Bien, ¿y usted?

3.

● ¡Hola! Buenos días, ¿el director?

○ Sí, soy yo.

4.

● ¡Hola!

○ ¡Hola!

5.

● Adiós.

○ Adiós, hasta luego.

PRONUNCIACIÓN

tú, usted, Internet, no, móvil, chocolate, español, profesor, palabras, mapa, televisión

UNIDAD 1

Ejercicio 1

● Mira, Sumnila,éstos son algunos de tus compañeros. Furat, como tú, es marroquí. Radu es rumano. Y Alou, que es senegalés.

○ ¿Y no hay ninguna chica?

● Irina y Yong.

○ ¿De dónde son?

● Irina, rusa y Yong, china.

▲ Profe, ¿y yo?

● ¡Ah!, y también está Aitor, que es español.

Ejercicio 4

● Hola, buenos días. Llamo porque mi coche no está y...

○ Ya. A ver, dígame la matrícula.

● Setenta y ocho noven...

○ No, no de uno en uno que no oigo bien.

● Siete, ocho, nueve...

○ ¡Ah! Sí, siete, ocho, nueve, seis... Tenemos...

● No, no. Es siete, ocho, nueve, cinco.

○ Pues claro. Tenemos un siete, ocho, nueve, cinco. Pero... ¡ése es mi coche!

Ejercicio 5

- El cinco.

- El diez. Uno, cero.

- Quince. Uno, cinco.

- Siete.

- Once. Uno, uno.

- Ocho.

- Doce. Uno, tres. ¡Ay! Uno, dos. ¡Qué tonta!

- Dos.

- ¡Eh! Cuatro. Cuuuuuatro…

- El tres. Uh, uh, tres.

- Catorce. El uno y el… cuatro.

- Doce. Unooooooooooooo, dos.

- Trece… ece, ece, ece. ¡Trece!

- Tro y tro y tro… ¡El cuatro!

Ejercicio 7

○ Rin, rin, rin, rin…

● Hiper Mobel. Todo para el instituto. Buenos días. Le atiende Carolina.

○ Necesito unas cuantas cosas.

● Dígame. Estamos para ayudarle.

○ Bien, necesito veintidós pizarras y treinta y dos sillas. Quince papeleras y cincuenta y cinco perchas.

● ¿Cincuenta y…?

○ Cincuenta y cinco perchas. Además… Un momento: llaman a la puerta... ¿Por dónde iba?

● Cincuenta y cinco perchas.

○ ¡Ah!, sí. Sigo. Dieciséis borradores, cuarenta y cuatro paquetes de tizas... Setenta y seis paquetes de folios y noventa y dos mesas.

● ¿Lo puede repetir, por favor? Pero más despacito, ¡eh!

○ Bien, necesito veintidós pizarras y treinta y dos sillas. Quince papeleras y cincuenta y cinco perchas.

● ¿Cincuenta y…?

○ Cincuenta y cinco perchas. ¿Sigo?

● Sí, sí.

○ Dieciséis borradores, cuarenta y cuatro paquetes de tizas... Setenta y seis paquetes de folios y noventa y dos mesas.

● ¿Eso es todo?

● Sí, yo creo que sí… No, espere, y un barco.

○ ¡Ay! Pues barcos creo que no tenemos.

Ejercicio 9

● Buenos días. ¿En qué puedo ayudarla?

○ Buenos días. Mi hijo quiere aprender mecánica.

● ¿Sí? Bueno, a ver. ¿Cómo te llamas?

▲ Frankenstein, pero mis amigos me llaman Franki.

● ¿Cómo se escribe?

▲ Efe, erre, a, ene, ka, e, ene, ese, te, e, i, ene.

● ¿Puedes repetir?

▲ Sí. Efe, erre, a, ene, ka, e, ene, ese, te, e, i, ene.

● ¿Y cómo te apellidas?

▲ Frankenstein.

● ¿Pero no te llamas…?

▲ Me llamo Frankenstein y me apellido Frankenstein: Frankenstein Frankenstein. Pero puede llamarme Franki.

● De acuerdo, Franki.

Ejercicio 11

1.

● Edad.

○ Doce años.

2.

● Y vosotros, ¿cuántos años tenéis?

○ Yo tengo quince años.

▲ Y yo, catorce.

3.

● ¿Cuántos años tienes, Mohamed?

○ Trece, tengo trece años.

4.

● ¿Cuántos años tiene Zhimin?

○ Tiene quince años, como yo.

Ejercicio 15

● Enhorabuena, le ha tocado un coche. Un maravilloso coche solo por contestar al teléfono. ¿Cómo se siente?

○ No sé...

● Muy bien. Ahora solo necesitamos sus datos para mandarle el coche. ¿De acuerdo?

○ Eh… ¿Sí?

● ¡Qué elocuencia! A ver: ¿Nombre?

○ Claudio.

● Claudio, ¿cómo se apellida?

○ Hernández Baralo.

● ¿Dónde vive?

○ Calle de la Luz, n.º 14, 2.º B. En Jarandilla de la Vera.

● ¿Tiene teléfono?

○ 609 04 56 00.

● ¿Tiene correo electrónico?

○ Sí, Claudio, arroba, guanadú punto es.

● Muchas gracias, Claudio, por su participación.

○ Oiga, ¿por qué me pregunta el número de teléfono?

● Otro día hablamos, Claudio.

○ Oiga, oiga…

Ejercicio 18

● ¿Tiene hora?

○ Sí, son las dos y diez.

● En España las tiendas abren a las diez.

● Yo me voy a dormir tarde, a la una y cuarto.

● Tren con destino Valencia tiene su salida a las cuatro de la tarde.

● ¿Qué hora es?

○ Las 10 y media.

Ejercicio 24

● A ver, un poco de silencio. Bien, como sabéis... Por favor, silencio... Como sabéis hay un grupo de 1.º de la ESO nuevo y tenemos que cambiar algunos horarios. Así que, sacad el cuaderno y apuntad los nuevos cambios.

● Bien, el lunes de 8 a 9 tenemos matemáticas.

○ ¿Matemáticas? ¿A primera hora?

● Silencio. Después del recreo, lengua.

▲ Pero, profe, después del recreo estamos cansados y... (eso, eso...).

● Sigo. El martes a primera hora lengua y después matemáticas.

▲ ¿Cómo?

● Matemáticas. ¿Vale? Bueno. Y de doce y media a una y media, ciencias de la naturaleza. ¿Ha quedado claro? ¿Alguna duda?

○ No, profe, todo está claro.

▽ Pues yo no lo he entendido. ¿Puede repetirlo, profe?

Ejercicio 27

1. Alberto, cierra la puerta.
2. Mirad este mapa.
3. Sacad el libro de lengua y literatura y leed el texto de la página cuarenta y dos.
4. Escuchad... ¡Calla, Vanesa!

PRONUNCIACIÓN

Ejercicio 1

mesa, bolígrafo, ventana, zapato, televisión, libro, café, comedor, tijeras, español, Madrid, dibujo, estuche, lapicero, Barcelona, cartera, hamburguesa, móvil

UNIDAD 2

Ejercicio 1

● Pues yo estudio en el instituto Miquel Jakson.

○ ¿Y qué tal?

● Muy bien. En mi instituto hay de todo. Hay aula de informática, cafetería, gimnasio...

○ ¿Y biblioteca?

● Sí, también hay biblioteca y aula de música, laboratorio...

○ ¡Qué bien!, ¿no?

● Sí, pero... hay que estudiar.

Ejercicio 2

● ¡Hola, Fátima!

○ ¡Ah! ¡Hola!

● ¡Cuánto tiempo sin verte!

○ Sí, es que me he cambiado de instituto. Ahora estudio en el High School Marqués de Samaniego y Gómez de la Dehesa. Vamos, un insti mega fino.

● Pues ¡qué bien!, ¿no?

○ Sí, ya te digo. Es que en mi insti hay de todo. Hay aulas, biblioteca...

● ¿Hay gimnasio?

○ Gimnasio, gimnasio... no hay, pero hay aulas, biblioteca...

● ¿Y cafetería?

○ ¿Cafetería? No. Cafetería tampoco hay. Pero tenemos aulas, biblioteca...

● ¿Y sala de informática?

○ No, sala de informática tampoco hay pero...

● Ya, ya... hay aulas, biblioteca...

○ Sí, ¿cómo lo sabes? Y, además, muérete, hay servicios de chicos y chicas... ¡Separados!

● ¡Qué suerte tienes, Fátima!

○ Ya te digo.

Ejercicio 13

Roberto: No sé, es difícil que encontremos una fecha en común, pero tendremos que buscarla. Violeta, ¿tú cuándo tienes vacaciones?

Violeta: Bueno, en Argentina tenemos vacaciones en invierno, en Semana Santa y en verano. Las más cortas son las de Se-

mana Santa. Son solo cinco días, del 23 al 28 de marzo. Las de Navidad son del 24 de diciembre al 3 de enero.

Roberto: ¿En diciembre?

Violeta: Sí, del 24 de diciembre al 3 de enero.

Omaira: Pues nosotros en La República Dominicana también tenemos vacaciones en esas fechas. Empiezan el 24 de diciembre y terminan el 7 de enero.

Violeta: ¿Y en Colombia?

Marcelo: En Colombia, las vacaciones de invierno son en julio, del 11 al 25. Las de verano son las que más me gustan, son del 16 de diciembre al 7 de marzo.

Violeta: ¿En diciembre? ¡Qué frío!

Marcelo: No, si es verano.

Ejercicio 15

Profesor: Bueno chicos, bienvenidos al instituto Valencia Cinco. Este año vais a tener que trabajar mucho por lo que no podéis perder el tiempo. Así que, sin más, os presento a vuestros profesores: Maite va a ser la profesora de lengua y literatura.

Maite: ¡Hola!

Profesor: Miguel Ángel es el profesor de matemáticas.

Miguel Ángel: Bueno, las matemáticas es una ciencia muy divertida y...

Profesor: Miguel Ángel... mejor que no. Marisa es la profesora de geografía e historia.

Marisa: ¡Hola!

Profesor: Chema es el profesor de educación física y Luis es el profesor de ciencias de la naturaleza. ¡Luis! ¡Luis!

Luis: ¡Ah! Perdón. ¡Hola!

Profesor: Bueno, espero que este año todo vaya bien y que ni ellos ni Rufino, el conserje, ni Carmen, la señora de la limpieza, me den una queja de vosotros. ¿Ha quedado claro?

Aitor: Pues no mucho. ¿Lo puede repetir?

Profesor: ¿Tú cómo te llamas?

Aitor: Aitor.

Profesor: Bien, bien...

Ejercicio 16

● ¿Puedo salir al recreo?

○ No. Primero termina los ejercicios.

● Profe, ¿podemos sentarnos juntas?

○ Sí, sí, pero sin hablar.

● ¿Puedo ir al servicio?

○ No. Espera al recreo.

● ¡Profe!

● ¿Puedo pedir un lápiz?

○ Sí.

Ejercicio 22

● Hola, me pone un bocadillo de queso y un batido de chocolate.

○ ¿Algo más?

● ¡Ah!, sí, un paquete de chicles.

● ¿Qué te pongo?

○ Un agua mineral, una bolsa de patatas fritas y un chupa-chups.

● A ver, dime.

○ Yo quiero un bocadillo de tortilla y un bote de naranja.

● ¿Quieres algo más?

○ No, no, gracias.

● Y tú, bonita, ¿qué quieres?

○ Solo quiero un batido.

Ejercicio 23

1.

● ¿A quién le toca?

○ A mí.

● Dime, bonita, ¿qué quieres?

○ Quiero un bocadillo de chorizo, uno de queso y una bolsa de patatas fritas. También quiero un batido de chocolate, un chupa-chups y un paquete de chicles.

● ¡Anda, que tus amigas...!

○ No, si esto es para mí sola.

2.

● ¿Qué os pongo?

○ Para mí un zumo de naranja.

▽ Y para mí un batido.

● ¿Algo más?

○ No, muchas gracias, señora.

▽ Sí, yo quiero un sándwich vegetal.

3.

● ¿Me pone una botella de agua?

○ Sí, claro.

4.

● Buenos días. ¿Qué le pongo?

○ Buenos días. Un bocadillo de chorizo y uno de tortilla.

● ¿Algo más?

○ Sí, un bote de cola.

Ejercicio 25

● Son setenta y cinco céntimos, ¿no?

○ Sí. Un batido, setenta y cinco céntimos.

● ¿Qué le debo?

○ Ha sido un bocadillo de queso, uno con cinco. Un batido, setenta y cinco céntimos, y un paquete de chicles, cuarenta céntimos. En total, dos euros con veinte.

● A ver. Un bocadillo de tortilla, cero noventa y un bote de naranja, un euro. En total uno con noventa.

● ¿Cuánto es?

○ Uno con cuarenta y cinco. Son cero sesenta del agua mineral, otros cero sesenta de las patatas fritas y veinticinco céntimos de un chupa-chups.

PRONUNCIACIÓN

Ejercicio 1

mesa, silla, leer, comer, mujer, camisa, pilota, ventana, dedo, libro, bocadillo, oreja, televisión, vives, botella, peso, piso, pelota, pisa, reloj, ejercicio, hijo, tiza

Ejercicio 3

lela, mito, pino, pila, besa, tela, rizar, pesado, circo, dije, pela, ficha, mesa, villa, vino, rema, legar, tía, picador, pera

Ejercicio 4

hermano, ser, quiso, difícil, queso, bolígrafo, trece, prisa, leer, cine

Ejercicio 5

hoja, estudiar, hombre, libro, sobre, instituto, puerta, sello, documento, dibujo, reloj, amarillo, usar, sol, azul, señor, euro, oro, chocolate, cuaderno, escucha, ocho

Ejercicio 7

luna, losa, curo, rota, poro, bola, suciedad, vocal, rosa, puso, usado, modo, tornar, rumano

Ejercicio 8

lunes, loro, ola, tú, curva, vaso, barco, poco, uva, uña

UNIDAD 3

Ejercicio 3

● A ver, me han dicho que usted ha visto al sospechoso.

○ No, sospechoso no, he visto al ladrón.

● Bueno, dígame cómo es.

○ Es alto, rubio. Creo que llevaba el pelo rizado aunque no sé. No veo bien y, claro, hay poca luz en la sala porque...

● ¿Puede seguir con la descripción?

○ Sí, cómo no, perdone. Es alto, rubio, con el pelo rizado, lleva bigote, ¿le he dicho que lleva bigote?

● No.

○ Espere, ahora que lo pienso, creo que llevaba barba.

● ¿Algo más?

○ Bueno, sí, tenía una nariz muy grande y unos ojos pequeños.

● Y gafas, ¿llevaba gafas?

○ Sí, unas gafas grandes y feas.

● Vamos, igual, igual que el director del museo. ¿No hay otro testigo?

Ejercicio 8

● Ay, Esther, estoy hecha un lío.

○ ¿Y eso?, ¿qué te pasa?

● Pues que he conocido a dos chicos pero no sé por cuál decidirme.

○ No sé, por el que más te guste, el que sea más guapo...

● Es que los dos son muy guapos y... Mira, Fernando es alto, moreno, con los ojos verdes y el pelo largo. Jaime está un poco calvo, tiene barba y unos ojos con unas pestañas muy largas.

○ Son muy guapos los dos, ¿no?

● Sí, muy guapos.

○ ¿Y de carácter?

● Muy distintos. Fernando es ordenado, un poco antipático, cerrado y un poco vago también. Jaime, al contrario, es como yo. Es desordenado, estudioso, simpático, divertido... En fin, que estoy hecha un lío.

Ejercicio 10

● ¿Cómo es su perro?

○ Mi perro es listo, delgado, alto, fuerte...

● ¿Es éste?

○ No, no, el mío tiene poco pelo.

● ¿Éste?

○ Sí. ¡Harry!

● Mi perrita es alta, de orejas largas, elegante... Vamos, como yo.

○ Su perrita es Lulú, ¿verdad?

● Sí, es la mía.

● Nuestro perro es... como nosotros. Tiene mucho pelo, lleva trenzas y siempre está tumbado.

○ ¿Es éste?

● ¡Ah! Sí. Es el nuestro. Vamos, Bob.

● Mi perrita es pequeña, graciosa y alegre.

○ ¿Es ésta la suya?

● ¡Lola!

Ejercicio 13

● Mira, ésta es la casa Batlló y ahí está La Pedrera.

○ ¿Cuál?

● Ésa de ahí, la de las chimeneas.

○ Ah, sí, ¡qué bonita!, ¿no?

● Sí, es muy bonita. Y allí está el Tibidabo.

○ ¿Dónde?

● Allí. Mira, a lo lejos.

Ejercicio 19

La familia real española está compuesta por los hijos, nietos, hermanos y mujer del rey. El rey de España se llama Don Juan Carlos Alfonso Víctor María de Borbón y Borbón-Dos Sicilias, pero se proclamó rey con el nombre de Juan Carlos I de Borbón. Su mujer es la reina Doña Sofía de Borbón y Grecia, hija de los reyes de Grecia.

Los reyes de España han tenido tres hijos; el príncipe Don Felipe y las infantas Elena y Cristina.

Los tres hijos del rey están casados. Don Felipe está casado con Letizia Ortiz, una antigua periodista de televisión.

Doña Elena está casada con Jaime de Marichalar y tienen dos hijos: Felipe y Victoria.

Doña Cristina está casada con Iñaki Urdangarín y tienen cuatro hijos: Juan, Pablo, Miguel e Irene.

Los reyes viven en un palacio a las afueras de Madrid llamado La Zarzuela, aunque más que un palacio parece un chalé grande.

Ejercicio 23

● Perdonen, ¿podría hacerles una pregunta?

○ Sí, cómo no.

● ¿A qué se dedican?

○ Yo soy taxista.

▲ Y yo, dependiente.

● Muchas gracias.

● ¿Sabes que Alberto ha encontrado trabajo de camarero?

○ ¿Sí?, ¿dónde?

● En un restaurante de su barrio.

● Cuando acabéis el instituto, ¿qué vais a hacer?, ¿estudiar o trabajar?

○ Yo estudiar. Quiero ser veterinario.

▲ Yo no, yo quiero trabajar de cerrajero como mi padre.

● Mi vecino, el médico, canta ópera por las noches y no deja dormir a nadie.

○ Pues yo tengo uno que es albañil y que juega al fútbol sala en su casa.

Ejercicio 27

1.

● Yo no sé por qué hacen pendientes pequeños. A mí es que no me gustan nada. Pero vamos, nada, nada.

2.

○ ¿Pero cuántos anillos llevas?

● Es que a mí me gustan mucho los anillos. Me gustan grandes, pequeños… todos. Me gustan todos.

3.

● Pues a mí no me gustan las gafas pequeñas.

4.

● Yo sin móvil no sé lo que hacer, mamá.

○ Pues habla por teléfono.

● No, a mí lo que me gusta es mandar mensajes.

5.

○ ¿Te gusta Eminem?

● No, no soporto la música rap.

○ ¿Que no te gusta?

● No, no me gusta nada.

6.

● Mamá, ¿qué hora es?

○ Las cuatro. ¿Por qué no llevas reloj?

● Porque no me gustan. Odio los relojes.

7.

● ¡Mamá, necesito unas gafas de sol!

Ejercicio 30

1.

● A mí me gusta mucho leer.

○ A mí también.

2.

● Lo que más me gusta es ver la televisión.

○ A mí no. A mí escuchar música.

3.

● Las películas de kárate me encantan.

○ Sí, y las de kung-fu también.

4.

● A mí no me gustan el rock ni la música clásica. Me gusta la música tradicional.

○ Pues a mí no. El rock me encanta.

5.

● A mí me gustan mucho los perros.

○ Pues a mí no. Los perros no me gustan nada.

6.

● A nosotras nos gusta mucho ir de tiendas.

○ ¡Anda!, a nosotras también.

PRONUNCIACIÓN

Ejercicio 1

cena, cine, cinta, cenicero, cocer, zapato, zorro, zumo, lazo, caza, luz, diez, vez, izquierda, azul

Ejercicio 2

príncipe, cielo, policía, azúcar, cabeza, fácil, zona, voz, paz, encender, cero, oficina, arroz, zapatilla

Ejercicio 3

sien, cocido, casa, cerrar, cazo, seta, masa, cocer, siega, haz

Ejercicio 4

casa, cosa, curso, queso, quizá, roca, chico, chaqueta, izquierda, clase, clérigo, clima, cloro, club, aclarar, incluso, cráneo, creer, criar, crónica, crujir, increíble, escribir, kilo

UNIDAD 4

Ejercicio 3

● Perdone, ¿sabe dónde está el Ayuntamiento?
○ Sí, mire, al final de esta calle a la derecha.

● Perdone, ¿hay una farmacia por aquí cerca?
○ No, en este barrio no.
● Gracias.

● ¿Hay una cabina de teléfonos por aquí?
○ No, cerca de aquí no.

● Por favor, ¿dónde está la oficina de Correos?
○ En la calle La Doctora.

Ejercicio 10

● Perdone, ¿sabe dónde está la calle del doctor Gutiérrez?
○ Hum, pues... el caso es que me suena, pero... ¿cómo ha dicho que se llama?
● Calle del doctor Gutiérrez.
○ Creo que está por la Plaza de Toros. Sí, yo creo que está por allí.
● Pues muchas gracias.
○ De nada.

● Por favor, ¿hay una farmacia por aquí cerca?
○ Sí, hombre, está aquí... no, no, espere. Hoy es jueves, ¿no?

● Sí.
○ Pues, hoy jueves, debe estar abierta la de Mariano de... ¿o no? No. Creo que la que está abierta hoy es la de la Cruz Verde. Sí, ésa es.
● ¿Y por dónde está?
○ Por la ermita. Mire, esta calle recta hasta la ermita y allí pregunta.
● Todo recto hasta la ermita, ¿no?
○ Sí, eso es.

● Perdona, busco una tienda de deportes que se llama La Rápida, ¿sabes dónde está?
○ Sí, en el barrio de la Estación.

● Disculpe, ¿la biblioteca municipal?
○ ¡Uf! Eso...
● ¿Está cerca?
○ Sí, mire, lo mejor es ir andando hasta la plaza. Está cerca del Ayuntamiento.
● Hasta la plaza y luego por el Ayuntamiento.
○ Sí, y por allí pregunta.
● Gracias.

● ¡Oye! ¿Sabes dónde está la piscina cubierta?
○ Sí, por el campo de fútbol. Por allí.
● Gracias.

Ejercicio 14

● ¿Quedamos esta tarde?
○ Vale, ¿a qué hora?
● No sé, a las cinco o así.

● ¿Dígame?
○ Hola, soy Ana, ¿está Marisa?
● Ah, hola, Ana; espera un momentito. Marisa, es Ana.

▲ Hola.
○ ¿Sales al parque?
▲ Ahora no puedo, es que estoy terminando los deberes.

● ¿Echamos un partido?
○ No, yo prefiero dar una vuelta.

● Nos vamos a los Multicines, ¿te vienes?
○ ¿Cuándo?, ¿ahora?
● No, dentro de un rato.

Ejercicio 15

1.
-¿Quedamos esta tarde?
-Vale.
2.
-¿Te bajas un rato a la calle?
-Ahora no puedo, tengo que terminar los deberes.

3.

-¿Vienes al cine?

-¿Al cine? No, no me apetece mucho.

4.

-¿Echamos un partido?

-No, mejor damos una vuelta.

5.

-¿Vamos a buscar a Mónica?

-No, mejor vemos una peli.

6.

-¿Vamos al ciber a chatear?

-No, mejor quedamos con alguien.

Ejercicio 18

1.

● ¿Dígame?

○ Hola, ¿está Dani?

● ¡Ah! Hola, Antonio, ahora se pone. ¡Dani! Es para ti.

△ Hola.

○ Hola, ¿te bajas un rato al parque?

△ Vale, ¿me esperas en el portal?

○ De acuerdo.

2.

● ¿Sí?

○ Hola, soy yo.

● Hola.

○ Hola.

● Hola.

○ ¿Quedamos?

● Vale.

○ Te espero en la plaza.

● Bueno, en la plaza.

○ No tardes, ¿eh?

● No.

○ Adiós, caramelito.

● Adiós, chocolatito.

3.

● Fran, ¿qué tal?

○ Muy bien. Oye, ¿te vienes al cine?

● ¿Cuándo?

○ Ahora mismo.

● ¿Con quién?

○ Con todos: Jeni, Paloma, Verónica, Víctor y yo.

● Vale, ¿dónde quedamos?

○ En la esquina.

● Vale, en la esquina. No tardo nada.

4.

● ¿Diga?

○ Hola, soy yo.

● ¡Ah! Hola, Pili, ¿qué tal?

○ Bien, ¿te bajas al parque?

● Vale, termino una cosa y ahora bajo.

○ De acuerdo, te espero en la entrada.

● Vale, hasta ahora.

5.

● ¿Sí?

○ Hola.

● Hola.

○ ¿Te vienes a ver una película a mi casa?

● Sí, ahora subo.

○ Te espero.

Ejercicio 22

1.

● Perdone, ¿sabe si este autobús pasa por el parque de Suanzes?

○ No, por el parque de Suanzes no, pero pasa cerca. Tiene una parada en la calle Juan Ignacio Luca de Tena, que está al lado.

2.

● Y para ir al instituto, ¿hay algún autobús?

○ No, lo mejor es coger el metro y bajarse en Príncipe Pío.

3.

● Perdone, ¿cuál es el tren de Toledo?

○ Ése de ahí.

4.

● ¿Sabéis si hay algún tren a Salobreña?

○ No, a Salobreña no hay ninguno, solo hay autobuses.

5.

● ¿Hay algún tren a Sevilla?

○ Sí, tiene un AVE a las 10:45 y otro a las 15:00.

Ejercicio 25

● Perdone, ¿sabe a qué hora pasa el autobús a Castejón?

○ Sí, a las seis en punto.

● ¿A qué hora hay autobús al Soto?

○ A las siete y media y a las nueve.

● ¿A qué hora pasa el autobús?

○ Cada diez minutos.

● ¿Sabes a qué hora pasa el tren a Valmediano?

○ Son las cinco, pues dentro de unos veinte minutos.

PRONUNCIACIÓN

Ejercicio 1

gato, gorro, guapo, guerra, guiso, seguir, pegué, cigüeña, pingüino, gracias, sagrado, hongo, tengo, ganga, maga, agua, largo, amargo, glándula, globo

Ejercicio 3

jaleo, jamón, gente, jefe, gitano, jinete, joven, junta, caja, mujer, lejos

Ejercicio 4

jabón, girasol, gesto, jirafa, gimna-sio, julio, dejar, giro, rojo, Jesús, geometría, geología, Jaén, geografía, Gijón

Ejercicio 5

jota, paga, mago, vago, liga, lejos, hijo, veja, gusto, ajo, dijo, jarra

Ejercicio 6

Me gusta mucho jugar con mi gato y comer galletas de chocolate.

Viajo a Gerona en agosto con mi hija.

Cuando llueve y hace frío la gente usa paraguas, gabardina y guantes.

UNIDAD 5

Ejercicio 3

1.
● ¿Qué te pasa, Marisa? ¿Estás enfadada?
○ No, nada, es que me duele mucho la cabeza.

2.
● A ver, dime, ¿qué te pasa?
○ No, no es a mí. Es a mi hermano, es que no habla bien español.
● Bueno, ¿y qué le pasa?
○ Que le duelen mucho las muelas.

3.
● ¿Qué te pasa? ¿No te encuentras bien?
○ Pues no. Me duele mucho aquí.
● ¡Vaya! ¿Por qué no vas al médico?

4.
● ¿Qué te pasa, Fernando?
○ Que tengo un dolor horrible de tripa.

Ejercicio 7

1.
¡Bien! He aprobado.

2.
Me ha dicho que no le gusto.

3.
● ¡Brrrr! Estoy helado.
○ Pues si hace mucho calor.

4.
● Dame un vaso de agua, por favor.
○ No tenemos.
● Un refresco, algo...

5.
● Me voy a la cama, no puedo más.
○ Pero quédate. Si es pronto.
● Que no. Que me duermo.

6.
¿Tienes un pañuelo?

7.
¿Qué hora es?

Ejercicio 11

Paciente 1
● Hola, buenos días. ¿Se puede?
○ Sí, adelante. Siéntate... Dime, ¿qué te pasa?
● Pues que me duele mucho la tripa.
○ ¿Desde cuándo te duele?

● Desde esta mañana.
○ Vamos a ver, túmbate en la camilla. ¿Te duele aquí?
● Sí, sí.
○ ¿Tienes ganas de vomitar?
● Sí, sí.
○ ¿Qué has desayunado?
● Nada, poca cosa, un bocadillo, tres naranjas, una tortilla, chocolate, leche y un zumo de naranja...
○ Ya veo, tienes una indigestión.

Paciente 2
● Hola, doctor. Mire, vengo porque estoy muy nerviosa, me duele mucho la tripa, tengo ganas de vomitar, no duermo...
○ ¿Desde cuándo le pasa eso?
● Desde hace una semana.
○ ¿Le ha pasado algo especial?
● No..., bueno..., sí. Me ha tocado la lotería.
○ Nada, no se preocupe, eso son los nervios.

Paciente 3
● Hola, buenos días.
○ Buenos días. Dime, ¿qué te pasa?
● Me duele muchísimo la garganta y apenas puedo hablar.

○ ¿Desde cuándo te pasa?

● Desde ayer. Ayer ya empecé.

○ A ver. Abre la boca…. Sí, ya veo. Mira, tienes afonía aguda. No hables en dos días y…

● Pero es que no puedo, soy maestra y mis alumnos no se callan.

Ejercicio 12

a. Así que son primos, ¿y desde cuándo tienen fiebre?

b. ¿Desde cuándo tiene mareos?

c. Pregúntale a tu padre desde cuándo está constipado.

d. ¿Desde cuándo estás triste?

e. ¿A los dos? ¡Vaya casualidad! ¿Desde cuándo os pica la garganta?

Ejercicio 15

● Bueno, hoy vamos a practicar las expresiones que nos sirven para hablar de frecuencia. Recordad: siempre, casi siempre, a veces, casi nunca y nunca. ¿Vale? Bueno, pues empezamos. A ver, empiezas tú, Carolina. ¿Ves la televisión por las tardes?

○ Sí, yo la veo todos los días. Los lunes veo los programas de música, los martes los de moda, los…

● Carolina.

○ ¡Ah!, sí, la veo siempre después de merendar.

● De acuerdo. Y tú, Alicia, ¿qué haces los fines de semana?

▽ A veces salgo con mis amigos pero no siempre.

● Muy bien. Fernando, ¿cuándo estudias?

▲ Todos los días después de llegar del instituto.

● ¡Fernando! Di la verdad.

▲ Bueno, casi nunca. Pero es que mi madre no me deja en paz.

● Laura, tú haces mucho deporte, ¿verdad?

△ Sí, me gusta mucho. Por la mañana antes de venir al instituto y por la tarde después de salir corro cinco kilómetros todos los días.

● Y lo que seguro hacéis todos es ayudar en las tareas de casa, ¿verdad, Ana?

▲ Hombre, ayudar, ayudar… Pues casi nunca. Solo cuando hay amenazas.

Ejercicio 16

● ¿Se puede?

○ Sí, sí. Póngase de pie en la silla. Usted dirá.

● Me encuentro mal, doctora, me duele todo.

○ Bien, bien, bien…, levántese y cierre boca. No respire hondo, no tosa.

Usted no enfermo, usted sordo.

Ahora túmbese, túmbese. Nada, sordo… ¡Túmbese! Cierre boca y no diga nada. Así: ¡A, a, a, a!

No diga treinta y tres. ¿Me oye? ¡No diga treinta y tres! No gire la cabeza, cierre los ojos y no mire al techo. Al techo no. ¡Que no mire al techo!

Usted está bien. No tiene nada. Solo sordo. Está muy, muy sordo. Ya puede entrar, venga entre.

Ejercicio 18

● Bueno, ya puede vestirse.

○ ¿Qué tengo, doctor?

● Nada, gripe como todos los años. Quédese unos días en cama y beba mucho líquido.

● Me duelen mucho los oídos desde hace dos días.

○ A ver, venga por aquí. ¿Qué oído le duele más?

● Éste.

○ Hum… Bien, parece una simple irritación. Échese estas gotas y no coja frío.

● Sí, ¿dígame?

○ Mire, desde ayer me duele muchísimo la tripa, tengo diarrea y vómitos.

● Parece una indigestión. Tiene que tomar varios días dieta blanda y estos sobres cada 8 horas.

● ¿Qué te pasa, Marta? Te veo preocupada.

○ No, es que tengo un dolor de cabeza horrible.

● ¿Por qué no te tomas una aspirina?

● Dime, ¿qué te ocurre?

○ Que me he caído hoy jugando al fútbol y me he torcido el tobillo.

● Bueno, te voy a poner una venda y haz un poco de reposo.

● Mire, doctor: me he pasado toda la noche estornudando. Es algo horrible porque no he dormido y me encuentro fatal.

○ Tómese este jarabe y beba mucha agua.

● Con este frío me han vuelto a doler las piernas y estoy que no puedo andar.

○ ¿Por qué no te pones esta crema? A mí me ha ido muy bien.

Ejercicio 21

1.

● Bueno, pues eso te lo tienen que ver en el hospital. Te voy a mandar al cirujano y ya verás cómo te deja nuevo.

○ Pero, doctor, si yo...

● Nada, nada. Al cirujano.

2.

● A ver cómo estás de vista. Dime qué letras ves aquí.

○ A, b, ...f,... g, h...

● Está claro. Ve a la oftalmóloga y que te gradúe la vista.

3.

● ¡Ay! ¡Ay! Me duele mucho.

○ Estira el brazo.

● No, no puedo... ¡Ay! ¡Ay! Me duele mucho.

○ Lo mejor es que vayan ahora mismo al hospital y que la vea un traumatólogo.

4.

● Yo, doctor, no puedo dormir, ni comer, ni descansar, estoy muy nerviosa, se me cae todo de las manos, rompo todo y es que, como yo digo, ya está bien de que pasen tantos aviones por mi casa...

○ Pues si no tiene nada que hacer esta tarde, ¿por qué no se acerca a ver a un buen psiquiatra? Mire, le voy a dar la dirección de uno que es muy bueno y me ha tratado a mí, porque lo he pasado muy mal con el ruido de los coches... Pero es un buen psiquiatra y me ha curado.

5.

● Mira, te vas a hacer un análisis de sangre y otro de orina. Recuerda que para los análisis tienes que ir en ayunas. Cuando los tengas vuelves aquí.

Ejercicio 23

● ¿Qué te ha pasado?

○ Nada, que me he caído y me he hecho un esguince.

● ¡Cuánto tiempo sin verte! ¿Dónde has estado?

○ De vacaciones en casa de mis abuelos.

● ¿Qué has hecho esta mañana?

○ He estado en el hospital con mi madre.

● ¿Qué dicen que le ha pasado a la de mates?

○ Creo que se le ha estropeado el coche.

● ¿Y los ejercicios de matemáticas?

○ Es que se me ha olvidado el cuaderno en mi casa.

PRONUNCIACIÓN

Ejercicio 1

cara, pera, toro, muro, carne, corto, ser, amor, brazo, breve, brisa, brote, brújula, libro, libre, cráneo, creer, crío, cromo, crudo, ocre, hipócrita, drama, drenaje, droga, edredón, padre, almadraba, francés, freír, frío, cofre, cofradía, Granada, grito, grupo, ingreso

Ejercicio 2

cada, toro, ceda, grasa, pena, milla, loro, miro, brazo, pisa, rara, codo, cura, caso, oda, cera, todo, cero, coro, hora, rara, lodo, rana, cara, cuna, pana, mido, para, craso, prisa, pera, tono, milla, cedo, mira, gasa, bazo, ralla

Ejercicio 3

polo	pera	bolo	ola
vara	pila	poro	caro
calo	pelo	bala	pira
ara	ala	tala	pela
tara	boro	ora	pero
tila	tordo	muro	torva

Ejercicio 4

risa, parra, israelí, rama, guerra, alrededor, restaurante, cerrojo, honradez, carro, barril, enriquecer,

Ejercicio 5

corro, cero, mira, barra, calo, ruso, caro, rana, cerro, carrera, pala, lío, coral, perra, parra, loca, carreta, ratón, forro, ahora, poro, pelo, rabo, tarro

Ejercicio 6

Raquel, cara, rubio, correo, turrón, marea, coral, enrojecer, ferrocarril, Israel, Ricardo, enredadera, honrado, alrededor, horrible, correr, mora, morro, María, enriquecer

Ejercicio 1

● ¿Cuál te gusta?

○ A mí, éste. Fíjate, los pantalones con la camiseta y el jersey quedan muy bien.

● Pero son colores muy oscuros.

○ ¿Oscuros? No, el jersey rosa queda bien con la camiseta blanca y los pantalones.

● ¡Ah, ésos! Sí, ésos sí.

● ¿Has visto qué falda tan bonita?

○ Sí, con el top queda muy bien.

● Sí, el azul va bien con el verde.

Ejercicio 3

● ¡Qué bonita!

○ Sí, es una camiseta muy bonita.

● Este coche es muy rápido.

○ Sí, corre a 250 kilómetros por hora.

● Es muy grande.

○ Sí, grandísimo.

● Mira, ¡qué interesante!

○ Sí, interesantísima.

● Es un edificio un poco estrecho.

○ ¿Un poco? Es estrechísimo.

Ejercicio 7

● ¿Qué zapatillas te gustan?

○ No sé, las naranjas son más bonitas que las demás.

○ ¿Y a ti?

● A mí, las de la derecha.

○ Sí, pero son más caras que ninguna.

● Las de arriba cuestan lo mismo.

○ Sí, pero las blancas son las mejores.

● Las gafas naranjas son las más modernas.

○ Pues a mí son las que menos me gustan.

Ejercicio 10

1.

● El baloncesto es mucho mejor que el fútbol.

○ Sí, yo pienso lo mismo, es mucho mejor.

2.

● El verano es peor que el invierno.

○ Pues para mí es mucho peor el frío que el calor.

3.

● ¡Mi moto es la mayor de todas...!

● Mi moto era la mayor de todas...

4.

● ¿Cuántos años tiene usted?

○ Ochenta y seis. Soy el menor de mis hermanos.

● ¿El menor?

○ Sí, por eso me llaman Fernandito.

5.

● El mayor zapato del mundo lo han construido en China.

○ ¿Cuánto mide?

● Más de dos metros.

○ Y yo que pensaba que el más grande era el de mi hermano.

6.

● Papá, ¿sabes una cosa? Eres el mejor padre del mundo.

○ Vaya, ¿qué te pasa?

● Nada, papá, que me apetece decirte lo bueno que eres.

○ Pues muchas gracias.

● Por cierto, oye... Hoy voy a volver un poco más tarde a casa. No te importa, ¿verdad?

○ ¿Cómo?

Ejercicio 13

● Por favor. Quisiera un carrete de fotos.

○ Sí, cómo no. ¿De cuántas fotos?

● De 36 en blanco y negro.

○ No, de treinta y seis solo tenemos en color.

● ¿Tienen ordenadores portátiles?

○ Sí, claro que sí. Mire, están en la sección de informática, al final del pasillo.

● Hola, buenos días, ¿en qué puedo ayudarles?

○ Quisiéramos ver una *scúter* para el chico.

● Mire, tenemos ésta que está muy bien de precio.

○ A ver. ¡Uy!, ¿algo más barato?

● No, lo siento, ésta es la más barata que tenemos.

● ¿Tienen camisetas de baloncesto?

○ No, lo siento. De baloncesto no. Tenemos de tirantes, de pico, interiores... pero de baloncesto no.

● ¿Qué te pongo?
○ Quisiera un paquete de galletas y un cartón de leche.
● ¿Algo más?
○ No, ¿qué le debo?
● Cuatro cincuenta.

● Perdone, ¿tienen la revista *Súper Jóvenes?*
○ Lo siento. Todavía no ha salido.

Ejercicio 18

España se encuentra dentro de la península Ibérica, una extensión de terreno que tiene más de 4.118 km de costa. Está unida a Europa por una franja montañosa de unos 435 km. España es muy elevada, tiene una altitud media de unos 660 m, lo que la convierte en el segundo país europeo en altitud detrás de Suiza. La montaña más alta de España es el Teide, que se encuentra en Canarias y que mide 3.710 m.

En cuanto a la historia, la península Ibérica ha estado poblada desde tiempos prehistóricos siendo numerosos los pueblos que han vivido aquí: celtas, íberos, fenicios, griegos... hasta que en el año 218 a. C. se inicia la conquista de la península por Roma. Hispania se convirtió así en una provincia más del Imperio romano, hasta su fin en el siglo V. En el año 409, con la invasión de la península por los bárbaros, se inicia una nueva era para el territorio. Una fecha importante en esa época es el año 560, en el que Toledo se convierte en la capital del reino visigodo.

Pero en el año 711 un nuevo pueblo llega a la península, son los musulmanes, que permanecerán en lo que ellos llaman Al-Ándalus casi ocho siglos.

El año 1212 es decisivo, pues supone la primera gran derrota de las tropas musulmanas en las Navas de Tolosa. Tras ella se suceden sin parar las victorias cristianas: 1229, conquista de Mallorca; 1236, conquista de Córdoba, y 1238, conquista de Sevilla.

1469: matrimonio entre Isabel de Castilla y Fernando de Aragón, que supondrá la unión de España aunque primero hubo que soportar una guerra civil en Castilla en 1474.

1492: reconquista de Granada y derrota del último reino musulmán. Tras esto siguen los reinados de Carlos I, Felipe II, Felipe III, hasta que con Carlos II acaba la dinastía de los Austrias. En 1700 es proclamado rey Felipe V, el primer borbón, no sin que se vuelva a vivir en España una nueva guerra civil.

Cien años después, en 1808, se produce una nueva guerra contra las tropas francesas que invadieron España. En 1812 se promulga la primera constitución española.

1868: se proclama la Primera República Española, lo que supone el exilio de la reina Isabel II. En 1898, España pierde las últimas colonias.

En 1931 se proclama la Segunda República Española. Pero entre 1936 y 1939 se produce una nueva guerra civil. Se suceden cuarenta años de dictadura que terminan en 1975 con la restauración de la democracia.

En 1982, España organiza el campeonato mundial de fútbol y diez años más tarde, en 1992, las Olimpiadas en Barcelona y la Exposición Universal en Sevilla.

España, toda una historia.

Ejercicio 20

Muchos de los objetos que nos rodean se deben al ingenio y el trabajo de numerosos hombres y mujeres que con sus inventos ayudaron a hacernos la vida más fácil. Así, algo tan común como la calculadora se inventó hace más de cuatro siglos, en 1642. El primer coche con motor de explosión y la bicicleta se inventaron por el mismo año, en 1885. Poco tiempo después, en 1903, se inventó el primer avión. También, a principios del siglo XX se inventó el primer bolígrafo, en 1919. Internet y el ordenador personal se inventaron en los años setenta. Internet en 1973 y el ordenador personal en 1976. ¡Ah! ¡Y cómo no!, la televisión. ¿Qué sería nuestra vida sin televisión? Pues la primera tele se construyó en 1926.

¿Cuándo se inventará una máquina que haga los trabajos por nosotros?

Ejercicio 21

● Hola, Marisa.
○ Hola.
● ¿Qué te pasó ayer?
○ Nada, que vino mi primo a vernos y estuve con él toda la tarde.
● ¿Javier?
○ Sí, Javier.
● ¿Y qué hicisteis?
○ Fuimos a casa de Juan y vimos una peli.
● ¿Cuál?
○ *Drácula*.
● ¿Y qué tal?
○ Muy bien. Y tú, ¿qué hiciste?
● Nada. Como mi padre me dio dinero por mi cumpleaños, me fui a Madrid de tiendas.
○ ¿Y qué te compraste?

- Me compré un libro de Isabel Allende, también vi un compact disc de Amaral pero ya no tenía dinero. Pero lo mejor es que cuando estaba esperando el autobús me encontré este reloj.
○ ¿A ver? ¿A ver?

Ejercicio 23

1.

- Termino los ejercicios y nos vamos, ¿vale?
○ ¿Y no estudias?
- Bueno, pues estudio un poco y nos vamos.

2.

- No le dije nada y me prestó doce euros.
○ ¡Anda ya!
- Que sí, que me prestó doce euros.

3.

- Oye, ¿preguntó por mí la profe?
○ Qué va. Llegó, se sentó y nos mandó hacer trece ejercicios.

4.

- Pelo y frío las patatas y te acompaño.

○ ¿Y no las cortas?
- Pues claro, las corto, las lavo, las muevo...

5.

- Terminó el trabajo y se pasó por mi casa.

Ejercicio 27

- ¿Qué vas a hacer mañana?
○ ¿Mañana? ¡Mañana voy a arreglar mi habitación!
- ¿Y eso?
○ Mi madre…, que insiste... Y tú, ¿qué vas a hacer?
- Voy a ver ordenadores en las rebajas.
○ ¿Te vas a comprar uno?
- Sí, sí creo. Están a mitad de precio.
○ Y ¿a qué hora te vas a ir?
- A las diez o diez y media.

PRONUNCIACIÓN

Ejercicio 1

papá, papel, peso, piso, puro, capa, copo, apostar, aparecer, experimento, planeta, plegar, pliegue, plomo, pluma, complejo, multiplicar, practicar, pregunta, primero, profesor, prueba, comprar, aprendizaje, aprobar

Ejercicio 3

pulpa, campo, presente, pelo, plancha, prima, preposición, mapa, naipe, limpio, romper, deporte, deprisa, plano, amplia, sopla, pastel, plaza, pez

Ejercicio 4

bar, vaca, vaso, veo, beso, vino, bota, boca, hombre, invento, cabeza, lavar, lobo, calvo, árbol, hierba, brisa, blanco, biblioteca

Ejercicio 5

burla, abre, ambos, alba, llave, bruja, cava, tubo, broma, bomba, tromba, blando, invierno, cambio, enviar, invita, tiemblo, sombra, hablar, nave

Ejercicio 6

beso, paño, velo, peso, par, baño, bar, pata, pelo, bata

Ejercicio 7

poca, vino, paso, pela, parra, besa, polo, pasta